U0800563

OKR

全案

目标与关键成果法

案例实操

渠 成 马小婷 孟 雷◎著

中国铁道出版社有限公司
CHINA RAILWAY PUBLISHING HOUSE CO., LTD.

内 容 简 介

聚焦企业的执行战略、提升员工的工作创新能力、促进企业的有序发展是OKR的核心价值。本书以完善OKR为主线，从OKR的演变历史、发展分析、制定方法、经典案例、评估模板等方面出发，为企业管理者讲解如何更好地利用OKR完成企业的执行战略。

本书介绍了使用OKR所需的技巧、工具，并将OKR与时代背景相结合，讲述如何利用OKR改变传统思维模式，创造新的企业管理体系。不仅讲解了实施OKR的理论知识和方法，还介绍了一些OKR应用的模板，十分具有实用性。

本书不仅适合企业管理者阅读，还适合企业各层级员工借鉴学习，以此提升自我管理能力，推动企业的发展与革新。

图书在版编目（CIP）数据

OKR全案:目标与关键成果法案例实操/渠成, 马小婷, 孟雷著.—北京：中国铁道出版社有限公司，2021.5

ISBN 978-7-113-27436-8

Ⅰ.①O… Ⅱ.①渠… ②马… ③孟… Ⅲ.①企业管理 Ⅳ.①F272

中国版本图书馆CIP数据核字（2020）第234998号

书　　名：OKR全案：目标与关键成果法案例实操
　　　　　OKR QUAN’AN : MUBIAO YU GUANJIAN CHENGGUOFA ANLI SHICAO
作　　者：渠　成　马小婷　孟　雷

责任编辑：吕　芠　　编辑部电话：(010) 51873035　　邮箱：181729035@qq.com
编辑助理：张秀文
封面设计：宿　萌
责任校对：苗　丹
责任印制：赵星辰

出版发行：中国铁道出版社有限公司（100054，北京市西城区右安门西街8号）
印　　刷：三河市宏盛印务有限公司
版　　次：2021年5月第1版　2021年5月第1次印刷
开　　本：700 mm×1 000 mm　1/16　印张：15.75　字数：208千
书　　号：ISBN 978-7-113-27436-8
定　　价：59.00元

前　言

随着社会的不断发展，企业管理体系越来越被企业管理者看中，虽然很多企业都有自己的绩效管理体系，但是真正能发挥其作用的并不多。在这样的背景下，OKR 的优势就越来越明显。

从目前的情况看，OKR 在企业管理体系中的应用具有重要作用，在企业目标管理、量化指标管理等方面，OKR 都能够发挥很大的优势。

不管是处于初创期的企业或是处于转型阶段的企业，都可能会遇到以下问题，使企业管理陷入僵局。

首先，企业管理者无法合理地为新员工进行绩效结果的评价。这使得员工的付出和结果不成正比，企业管理者既不能否定他们的努力，又不能通过他们的考核。其次，老员工的绩效未能达标。这可能是员工自身心理与能力的问题，也可能是企业绩效管理系统存在不合理之处。再次，对于绩效达标的员工，企业管理者无法给予其奖励，鼓励其再创新高。最后，企业自身执行战略定位不明确，上下级无法实现和谐沟通等。

面对这些问题，企业管理者除了要明确企业的情况外，比如企业目标到底是什么，员工应该为公司发展创造怎样的价值，怎样利用 OKR 推动企业的进步与发展，等等，还需要掌握正确的解决问题的技巧与方法。

在内容上，首先，对 OKR 进行了整体介绍，让企业管理者了解 OKR 的发展、背景及其对于企业管理的重要作用。其次，OKR 与企业中普遍应用的 KPI 的关系十分密切，OKR 在不同的企业中都可以合理应用。再次，介绍了在企业中引入 OKR 的方法和需要避免的陷阱。最后，在 OKR 的制定和实施中，从 OKR 目标与关键结果的设定、跟踪、复盘等方面为企业管理者讲解实施 OKR 的整个流程，让企业管理者掌握 OKR 管理技巧，更好地利用 OKR 来管理企业。

在 OKR 的实施过程中，OKR 的实施对于企业全体人员都是一个挑战，要想推动 OKR 的实施，企业管理者需要重新认知自己的角色，为企业其他员工提供帮助。另外，本书还介绍了一些通过实施 OKR 来实现企业发展的经典案例和详细的应用模板。经典案例能够为各位企业管理者实施 OKR 提供一些经验，具有很强的指导意义。应用模板也具有很强的实用性。

共享经济时代的到来已经让各个领域的工作和职位有了全新的意义，然而对于许多企业说，这无疑是一个巨大的挑战。为了应对这一挑战，企业管理者必须选择一套有效的办法，并制定出相对完善的策略。

针对这一问题，本书指导企业管理者如何应对这些挑战，帮助企业管理者解决传统绩效管理手段中存在的问题。通过对本书的学习，企业管理者可以迅速在企业内实施 OKR，更好地应对企业的发展和绩效管理的要求。

目 录

第 1 章

OKR：管理和工作的必备工具

OKR 的“O”代表 Objective，即目标；“KR”代表 Key Results，即关键成果。OKR 是一种以结果为导向的、以完成目标为目的的管理工具。作为一种可追踪目标进度以确保目标能够完成的新型管理体系，OKR 如今已成为企业管理的有效工具。

OKR 的发展得益于一些管理人才对其的应用和推动。同时，OKR 的快速发展也表现出了时代的需求——OKR 能够有效解决时代转变下企业发展面临的新的管理问题，其在企业的应用，对于企业的发展具有重要意义。

1.1　没有他们，就没有 OKR 的今天

OKR 早在一百年前就已经形成了雏形，现代管理学之父彼得・德鲁克提出了 OKR 的理论基础，OKR 之父安迪・格鲁夫对 OKR 进行了改进。随后 OKR 在被约翰・杜尔带到谷歌后被大众熟知，最后 OKR 又通过瑞克・克劳的宣传得以在全球范围内推广。可以说，没有他们的努力也就没有 OKR 的今天。

1.1.1　彼得・德鲁克：OKR 的启蒙者

彼得・德鲁克是现代管理学之父、现代商业管理思想家。他于 1954 年出版了《管理的实践》。在书中，他提出了“目标管理”这个具有划时代意义的理论概念。自此，世界上有了管理学这门学科，彼得・德鲁克也被称为 OKR 的启蒙者。

德鲁克的《管理的实践》可以分解为五个部分。

在书中的第一部分，德鲁克主要对企业的使命、企业的目标、应取得的成果、生产原则是什么等内容进行了说明。

在书中的第二部分，德鲁克通过福特汽车公司的案例对目标管理的内容进行了阐述。德鲁克既强调工作成果的评定，又提倡员工依靠自主意

识提高能力，同时他提出要以目标作为企业各项活动的战略参考，并以目标的完成程度来评估员工为企业所创造的价值。此外，书中这一部分内容还讲解了完整的企业文化对于企业的重要性。

在书中的第三部分，德鲁克对企业活动、企业决策以及企业关系进行了深度剖析，指出企业活动是企业决策的具体表现，两者共同实现企业目标。德鲁克还将这些内容代入企业的深层管理结构和绩效检验标准中，并把这些组织结构的优缺点进行一一对比，点明了大、中、小型企业各自适用的管理手段以及它们自身存在的问题。

在书中的第四部分，德鲁克首先用 IBM 的故事说明企业实现创新能给员工带来满足和成就感。继而德鲁克阐述了以绩效为核心的整体观，即企业的一切考核主体都要以企业目标和绩效标准为核心原点，每一个企业都应该有直接作用于三方面的绩效，分别为关键成果、企业自我价值的实现和人才开发。

企业明确的关键成果是要可量化的，如销售的关键成果是利润。企业自我价值的实现是指企业能否为社会提供最优质的产品和服务。人才开发主要强调人才是保证企业昌盛的永恒支撑，企业雇佣的是员工本身，而不是一双手，如果一个企业只重视当下的成就而忽略未来，那么这样的企业无法实现长期发展。

在书中的第五部分，德鲁克描述了企业管理者的工作以及决策，强调了责任的重要性与不可或缺性。对于企业来讲，责任是指对社会和企业服务对象所应承担的责任，企业只有承担起责任，才能更好地服务于企业客户。而对于员工来说，责任可以让他们更加自发地为企业创造价值，将企业的整体目标与个人目标紧密结合在一起。

在这一部分，德鲁克指出，大多数企业管理者都想成为所在行业的领军人物，但是他们往往只关注各部门业绩的增长。长此以往，只会让企业部门各自为政，部门间的沟通协作难以进行，最终导致企业结构变得极其不稳定。

这也是德鲁克提出目标管理概念的出发点。目标管理的核心内容是企业的所有工作都必须紧紧围绕如何为完成企业的目标贡献自己的价值这个主题。所以，企业管理者在利用目标管理方法来管理企业时，必须清楚企业的目标是什么以及员工的工作能给企业带来怎么样的价值贡献。

德鲁克指出，企业的各种目标是由高层和基层管理者共同建立的，不能只遵从一方的意愿。同时，企业应该选择合适的方式来评估员工个人的绩效。绩效的评估方式一定不能复杂，而且要易于衡量，同时个人的绩效目标必须与企业的发展目标紧密贴合。

德鲁克希望企业管理者能灵活运用目标管理这一理论，让企业中的每个个体、每个部门都能充分发挥其自身的价值，并能够和企业整体组织结构紧密结合，为企业贡献自己的力量。德鲁克提出的目标管理的理论内容就是 OKR 的雏形。

1.1.2 安迪·格鲁夫：OKR 之父

安迪·格鲁夫为英特尔公司前总裁，被称作“OKR 之父”。格鲁夫在德鲁克目标管理理论的影响下，在 1999 年提出了高产出管理这一理论，继而演变成为 OKR 的初级形态。高产出管理的理论内容主要如下。

1. 聚焦于几个少数最重要的目标

格鲁夫提出了“管理杠杆率”这一概念。即在投入相同的前提下，拥有更高产出的管理活动会得到更高的杠杆率，企业管理者必须把目光聚焦在有最高杠杆率的活动上。

2. 目标的设定过程是自上而下和自下而上两种方式的结合

格鲁夫非常重视对员工自我管理能力的培养，他认为鼓励员工参与工作比强制性分派工作更能激发员工的工作积极性。因此，在目标的设定中，除了自上而下的设定方式外，企业管理者也要通过自下而上的方式让员工参与到目标的设定中。

3. 目标设定的周期与频率

格鲁夫认为多次设定目标有利于企业迅速地响应外部的变化。目标设定的周期要尽量短，以月度或季度为周期。

4. 设定有挑战的目标

格鲁夫认为，设定有挑战难度的目标，可以激发员工的斗志，能让员工有持久性的动力。

格鲁夫的理论推动了英特尔公司的创新和快速发展，使英特尔公司快速实现了产品升级换代。同时，格鲁夫的这种思想也影响了一代又一代的英特尔人，包括当时在英特尔公司负责产品开发、市场与销售的约翰·杜尔。

1.1.3 约翰·杜尔：把 OKR 带到谷歌

格鲁夫提出的高产出管理理论演变为 OKR 的初级形态，那么在那之后 OKR 是如何逐渐成形的？这就要提到谷歌的投资人约翰·杜尔。

约翰·杜尔在英特尔工作时，受到格鲁夫的管理理论的启发，在加入谷歌后，他将这套管理理论推荐给了谷歌的两大创始人拉里·佩奇和谢尔盖·布林，并得到了两位创始人的支持。就这样，这套管理理论得以在谷歌不断完善，逐渐形成了如今的 OKR 模型。

在这个模型中，谷歌将 OKR 划分为 4 个层次，如图 1-1 所示。

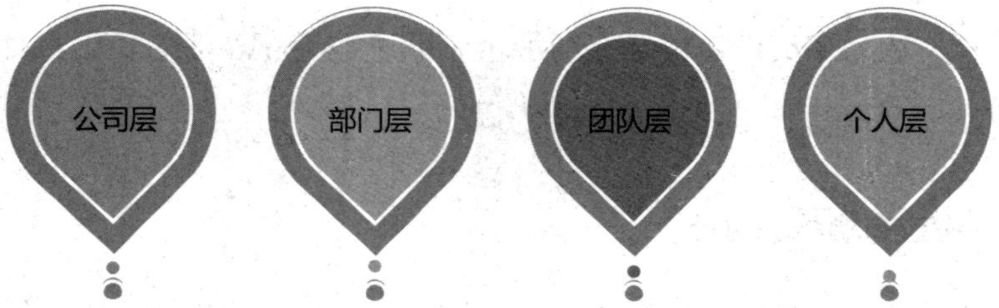

图 1-1　谷歌的 OKR 模型

（1）公司层：其 OKR 表现的是企业的核心与发展预期。

（2）部门层：其 OKR 阐述的是每个项目的预期。

（3）团队层：其 OKR 表现的是团队的工作目标和预期。

（4）个人层：其 OKR 描述的是员工个人的工作目标和预期达到的关键结果。

这 4 个层次的 OKR 层层细化，并且都为企业总战略目标服务，使所有的公司结构及员工都聚焦在相同的目标方向上。

谷歌对员工工作时间的管理也很宽松，员工有 20% 的工作时间是可以自由支配的。谷歌这样的管理方式看似很“吃亏”，但事实上，谷歌推出的很多产品都是员工利用他们 20% 的自由时间设计完成的。这些产品中都体现了员工独有的创意，显然是非常成功的。

谷歌充分支持员工的想法，员工不但有相对自由的时间，而且还可以决定自己工作的项目。谷歌员工在完成一个项目后，可以选择自己感兴趣的项目作为自己接下来的工作计划。

杜尔把 OKR 带到谷歌是因为一直以来谷歌都秉承着重视创新和人才的管理理念。为了吸引优秀的人才来谷歌工作，谷歌就需要给他们创造一个开放、宽松的环境，使他们能够敢于发表自己的看法，给各种创意一个试验的机会。OKR 在促进人才创新的同时，还能落实到产品设计营销，最后延展到企业管理和企业文化上，因此不得不说，OKR 有效地促进了谷歌的创新与发展。

1.1.4　瑞克·克劳：让全世界知晓 OKR

在谷歌，有免费的食物，也有气氛轻松的办公环境。在众人的眼里，谷歌是一家具有创新能力、气氛轻松甚至有些散漫的公司。

然而，这样的谷歌公司在刚上市后就开始了井喷式发展，市值曾问鼎世界之最。那么，在谷歌的企业规模扩张异常迅速、面临种种挑战的情况下，支撑这个企业巨头的力量是什么？答案也正是谷歌所运用的 OKR 管理体系。

OKR 管理体系是如何进入更多企业管理者视线中的？谷歌风投的合作伙伴瑞克·克劳曾公开了一段时长近一个半小时的关于 OKR 的培训视频，引起了众多企业的注意。

瑞克·克劳在视频中讨论了目标和关键结果。他指出二者是谷歌管理其早期执行力的关键要素，也是这两个关键要素真正促进了公司发展，到现在也仍是谷歌“DNA”的重要组成部分。

瑞克·克劳表示 OKR 在帮助企业组织建立纪律方面的效果是令人惊奇的。OKR 除了能帮助员工了解我在做什么以及为什么而做以外，还能帮助员工作出有意识的决定（我不该做什么），这一点也很重要。

瑞克·克劳认为企业通过制定目标和关键成果，特别是那些可以测量的关键成果，可以建立一套衡量正在做什么的体系。在起草 OKR 的过程中，从个人到主管、主管到部门，再从部门到企业，企业各层级员工都会讨论如何制定他们的 OKR。员工的个人目标与企业总体目标直接相关，因此，每个员工都明白自己的任务是什么，自己离完成任务有多远的距离。OKR 可以帮助企业衡量当前的目标距离企业的最终目标还有多远。

瑞克·克劳在视频中介绍，谷歌在公司层面以及团队、员工等层级均设立了 OKR 目标考核法。而且所有的目标都是由几个重要的、可量化的指标体现，目标并不是空洞的。比如，在网站建设上，员工的目标不能是让网站更漂亮这样的模糊的目标，而是让网站的速度提高 30%，或是让用户交互程度提升 15% 等这样具体的目标。

此外，谷歌所有员工及管理者的 OKR 全部公开，创始人拉里・佩奇也不例外。在员工资料库中，谷歌的任何员工都可以查看同事的 OKR 评分、每个季度的 OKR 目标等信息。

瑞克・克劳曾经负责管理 YouTube 的主页。如果其他部门希望通过 YouTube 推广产品，比如，插入一段广告或者放入一个视频时，这些部门人员会首先查看克劳的季度 OKR，了解克劳这个季度要完成的目标，之后再根据具体情况联系克劳，这样能够更好地实现不同部门之间的协作。

瑞克・克劳发布的 OKR 的视频和其对 OKR 的讲解使得更多企业开始了解 OKR，并在此基础上引用 OKR 的绩效管理模式。瑞克・克劳对 OKR 的推广，使得 OKR 为世界更多的企业所知晓，促进了 OKR 的普及和广泛应用。

彼得・德鲁克、安迪・格鲁夫、约翰・杜尔和瑞克・克劳对于 OKR 的形成和推广起到了重要的作用。正是因为他们，OKR 才能得以推广开来，成为当今企业管理的高效工具之一。

1.2 共享经济时代，OKR 得以迅猛发展

如今，许多传统的考核工具已经无法满足当前高科技型企业的管理和发展的需求，OKR 也因此被广泛地推广开来。在一些国际顶尖高科技企

业的应用下，OKR 迅速在全世界得到推广，成为企业管理体系中重要的管理理念和必备工具。

OKR 更加适应共享经济时代的需求。员工个人价值崛起，OKR 可以在工作中赋予员工更多的自主选择性，使员工在相对宽松的工作环境中充分发挥自己的主动性，更有利于体现员工的个体价值。OKR 能够提高组织协同运行的效率，能够提升员工工作和任务完成的效率。同时，僵化的绩效考核方式难以激发员工的创造力，需要企业管理者对其进行改善。

1.2.1 员工结构变化，个体价值崛起

上海一家为本地用户提供自娱自乐平台的 App，根据其岗位需求面向广大应届毕业生群体招聘新媒体运营专员。根据这家企业的统计，这些应聘的毕业生中超过65%的人早在大学期间就创建了自己的微信公众号。他们之中，有的想成为自由撰稿人，有的想成为短视频达人，还有些人想要成为互联网创业精英。

这些毕业生大多认为薪水的高低并不能作为自身价值的衡量标准。他们渴求的是一个展示自我的平台，他们需要的是能够帮助他们提升自己的能力、又能为自己带来资源的平台。

马方明在深圳一家互联网公司从事软件开发工作，并与公司签订了为期 3 年的劳动合同，试用期为 3 个月。公司规定试用期每月工资为 9 000 元，转正后每月工资为 13 000 元，但是马方明已经有了结婚的计划，目前需要还房贷，经济压力较大，所以他希望重新找一份薪资更高的工作。

于是马方明开始一边工作一边在网上投简历。在入职半年后，他在深圳另一家网络公司找到了一份软件开发工程师的工作，每月工资为25 000元，于是马方明选择从原公司离职。

由此可见，当今社会越来越强调个体价值。在上述两个案例中，毕业生需要的是自我展示的平台，而马方明则在薪资待遇上有需求。员工不再是被选择的一方，他们都在不断地为自己营造更好的发展环境。

年轻一代的员工已经不愿意在传统的雇佣关系里反复循环，企业与员工之间的关系正处于一种十分微妙的状态。个体所蕴含的能力价值已经远远超过了企业的培育能力，个体对企业而言，不应是企业的附庸，而是与企业互相成就的关系。

1995年出生的李欢2018年毕业于某所重点院校，学习的是软件工程专业，毕业后就职于一家互联网公司。李欢平时看重氛围，不喜欢被过度约束，但最近，他所在的公司临时接了一个开发项目，需要赶工，因此公司开展了“996”动员大会。在大会第二天，李欢就提出了离职申请。

之后，李欢去了另一家互联网公司工作，这家公司每个月都会邀请包括麻省理工学院在内的世界顶级名校的教授到公司为员工做演讲，开阔员工的思维和眼界。该公司还建立了完善的内部激励机制，十分注重对员工创新能力的奖励。对于这家公司来说，员工的工作结果并不是主要的考核目标，公司更加重视员工在工作中的创造思维和创新能力，强调员工的个体价值。

通过以上案例，可以看出，随着个体对于知识技能了解的不断加深，个体的核心竞争力也变得越来越强，而企业以往的雇佣模式难以留住人才。在这种情况下，企业管理者就需要了解个体的诉求。

个体价值可以体现于企业的价值之中，不同个体所作用的主体也不尽相同，但是无论是企业哪一层级的员工都可以为企业的发展贡献力量。同时，在不同的企业环境下，个体也可以发挥出不同的价值。

在个体价值崛起的时代，OKR 可以帮助企业更好地管理员工。它能够解决企业与员工的关系，把雇佣关系变为一种合作关系，在合作关系之下，让员工能够更自由地发挥自己工作的主动性和创造性，企业也能够考虑到员工的需求，为员工的发展提供资源、创造更好的条件。

1.2.2 组织运行效率的来源转变为协同

在工作中，我们常常会发现这样的现象，虽然部门业绩突出，但是企业的战略目标却并没有实现。造成这种现象的根本原因是企业战略目标和组织实际运作之间的脱节。

现在很多企业都是以互联网技术作为支撑点的，一般都遵循网状协同运作的原则。企业的组织运行步骤主要包括组织设计、组织运作和组织调整。其中，组织设计是前提，组织设计完成后组织就会开始运作。如果组织运作过程中出现了问题，就要企业进行组织调整。

以往的企业分工虽然可以实现员工工作效率的最大化，但是它强调个人效率，而大多数企业亟须提高整体效率，包括组织内部的效率和组织外部的协同效率。分工只能提高组织内部效率，但是组织外部效率的提升需要各组织间的协同，只有这样才能实现企业整体范围内的信息资源共享。

企业组织结构有三大类型，分别是直线制、职能制和直线职能制。

1. 直线制

直线制组织结构是最简单的一种组织形式，也是使用最早的一种组织形式。其最大的特点就是企业各级行政单位能够自上而下地进行垂直领导，下属部门只接受一个上级发出的指令。这种类型的企业组织运行效率的来源是企业的管理层级。

在直线制组织结构中引入 OKR，能够将上级发出的指令落实到各个部门甚至每一位员工身上，在指令被执行的过程中上级能够跟踪指令的进度，确保指令能够按时、准确地完成。

2. 职能制

职能制是各级行政单位除负责人外，还设立一些与之相关的职能机构，即在负责人下面设立职能机构并配备职能人员，以协助负责人进行管理工作。职责机构因受负责人的委托，也会有部分管理权力，因此下级行政负责人不仅受上级行政负责人的领导，同时也受上级职能人员的领导。

职能制组织结构能够充分发挥职能机构的管理作用，减轻负责人的工作负担。但是这种组织结构容易形成多头领导，不利于企业管理者的统一领导。

职能制组织结构的这些问题都可以通过实施 OKR 来解决。OKR 能够明确各级行政单位负责人和各级职能人员的具体的职责和工作，能够有效避免各职位之间职能不明或职能交叉的情况。OKR 能够帮助职能制组织形式更好地运行。

3. 直线职能制

直线职能制组织结构也被称为直线参谋制组织结构，它是建立在直线制和职能制的基础上，综合两者的优点重新构建起来的一种组织结构。

直线职能制组织结构主要把企业管理机构和人员分成两类：一类是直线行政机构和人员，其按照统一命令的原则发出指令；另一类是职能机构和人员，其负责各项职能的管理工作。

直线职能制组织结构虽然能保证企业管理体系的集中统一，还能在各级行政负责人的领导下，充分发挥各个专业管理机构的作用。但是它存在职能部门之间协作性和配合性比较差的缺点，职能部门的许多工作都需要向上级负责人请示才能完成，不但加重了上级负责人的工作，而且还会使办事效率降低。

然而，直线职能制组织结构的这些问题都可以通过实施 OKR 来解决。OKR 可以使企业决策高效落实，扫清各部门间存在的多种冲突障碍，加强各部门间的交流与协作，使组织资源得到合理分配。

无论使用哪种组织结构，企业都可以引进 OKR 来更好地落实工作、跟踪工作进度。OKR 可以使组织的运行效率的来源从单独层级、单独部门转变为整个企业的协同工作，企业内部可以更合理地共享资源。协同工作也极大地提高了单独层级和单独部门的工作效率。OKR 以完成整体目标为目的，因此在目标的完成过程中，OKR 能够带领企业不断地更新和修整状态，能够保证工作方向的正确性及工作任务的进度，以确保整体目标能够顺利完成。

1.2.3　绩效考核很难激起个体创造力

员工的个体创造对于企业的发展来说十分重要，而员工个体创造的源泉是他们对于工作的积极性和主动性。经常有一些企业管理者会疑惑，为什么企业在实行绩效考核时，员工并不是特别认同？为什么有一些企业在实施绩效管理后，员工工作的积极性反而大不如前了？

在实施绩效考核后，员工工作积极性降低的原因在于他们不愿意被约束。员工希望能够更自由地工作，这个自由既包括身体的自由，也包括思想上的自由。而绩效管理是对员工的一种约束，即让他们按照企业规定的工作任务和目标去工作，所以员工从心理上对这种约束有一种本能的抗拒，这是不可避免的。

而在企业实施绩效管理时，员工工作积极性降低的原因更多的是来自企业绩效管理的失误。不少企业是这样进行绩效管理的：在实施绩效管理之前，无论员工的业绩是高还是低，这里假定员工的工资都是10 000元，后来企业实施了绩效管理，就把10 000元钱分成两部分：一部分是基本工资6 000元；另一部分是绩效工资4 000元。

这样在实施绩效考核后，员工可能会有三种表现：一种表现是员工工作更加努力，业绩也提高了；另一种表现是员工消极怠工，表现一般；还有一种表现是员工跟以前一样，没有明显的变化。

不少企业管理者是这样处理的：在实施绩效管理后，业绩达到优秀的员工能获得4 000元，也就是总收入10 000元，而其他员工根据业绩水平的高低来扣除部分绩效薪酬。这就是企业管理者将业绩优秀的员工的薪酬和以前的 10 000 元相对应。绩效管理中这样一些不合理的薪酬分配方法损害了多数员工的利益，他们的工作积极性自然不会高，个体创造也就无从谈起了。

除了不合理的绩效薪酬制度降低了员工工作的积极性、阻碍了员工的个体创造外，绩效考核体系中不合理的惩罚制度也会降低员工工作的积极性和主动性。

许多企业会选择使用一些惩罚手段来辅助绩效管理，即员工工作中出现的错误越多对其罚款也就越多。这样的惩罚制度能够在一定程度上规范员工的行为，但是过于严厉的惩罚制度势必会扼杀员工工作的积极性和主动性。员工要避免被惩罚，要么会工作得更加认真，要么会想方设法减少自己的工作量，即只做自己必须做的那部分工作，对其他工作不再有积极性。

对于员工来说，少做工作肯定比认真做工作更容易一些，所以时间一长，员工都不愿意多做工作。他们会本着多一事不如少一事的原则，不会积极地做那些可做可不做的工作。员工的工作十分保守，工作的积极性和主动性也会大大降低，员工个体的创造力也会被扼杀。

相对于传统的绩效管理方法，OKR 管理体系对于激发员工创造性方面更具优势。这主要体现在 OKR 目标和关键结果的设定中。

OKR 的目标是极具导向性的，同时在设定关键结果时，关键结果描述的是结果而不是任务。在设定关键结果时，员工对于关键结果的设定有一定的自主性，其工作方式和工作内容也更加自由。OKR 能够使员工的工作更加聚焦于目标，同时在工作中能够发挥出更大的主动性，员工工作中的自由程度的提高会有效地激发员工的个体创造力。

总之，传统的绩效考核对员工的约束很难激起员工的个体创造力。在传统的绩效考核的弊端日益凸显的当下，OKR 显然是一种更具实战价值的管理工具，它更能提高员工工作的积极性和主动性，从而激发员工的个体创造力，使员工更好地为企业创造价值。

1.3　OKR 对于企业的重要作用

OKR 对于企业来说有着重要的作用和深远的影响，它能够提高企业战略执行的聚焦度，培养员工的目标意识和结果意识。企业实施 OKR 也有利于企业各层级之间的沟通，使企业结构扁平化。此外，OKR 的实施能够对员工起到很好的激励作用，激发员工的内在驱动力。

1.3.1　提高战略执行的聚焦度

南京一家汉堡餐饮管理公司的第一季度的总体目标为提升顾客对本品牌的认可度，该公司外卖配送部门的 OKR 是这样制定的：

Objective：让每位顾客在第一时间品尝到新鲜出炉的汉堡。

KR1：让顾客在最短时间内品尝到所点的各类餐品，每一个订单中顾客的等待时间不得超过 30 分钟。

KR2：外卖配送的准时率达到 95%。

KR3：餐品的完好度不低于 95%。

KR4：配送五星好评率不低于 95%。

食材加工部门的 OKR 如下：

Objective：快速地为顾客提供高品质的餐品。

KR1：从订单出单到餐品加工完成，总时长控制在 15 分钟之内。

KR2：规定好每种餐品制作的时限和间隔表格，严格遵守规定 100% 处理好过期食材。

KR3：顾客对餐品的满意率达到 98%。

在这家汉堡餐饮管理公司制定的 OKR 中，提升顾客对品牌的认可度明确为公司的战略执行目标，外卖配送部门与食材加工部门的 OKR 都是以公司整体的战略执行目标为基础转换而来的。

通过分析该案例可以得出结论，OKR 是有逻辑的，它的逻辑原点在于怎样聚焦目标。目标回答的是企业想做什么，关键结果回答的是企业如何做才能实现目标。在限定时间段里明确想要完成的目标，然后根据这个目标来细化企业各部门、各层级的工作，这一系列过程就是企业实现战略高度聚焦的保证。

因此，无论是企业的哪一个部门或是哪一层级在制定 OKR 时，都要始终围绕总体目标来量化关键结果。

大部分企业管理者都觉得企业没有实现更好的发展是因为战略目标制定错误。诚然，战略目标制定错误会导致企业发展不顺，但是，即使是正确的战略目标也不一定会推动企业的发展。原因往往就在于企业的战略目标并不明确，执行目标的方向也模糊不清。

那么，企业管理者如何才能更好地利用 OKR 提高战略执行的聚焦度？这就需要企业管理者做好以下 5 个步骤，如图 1-2 所示。

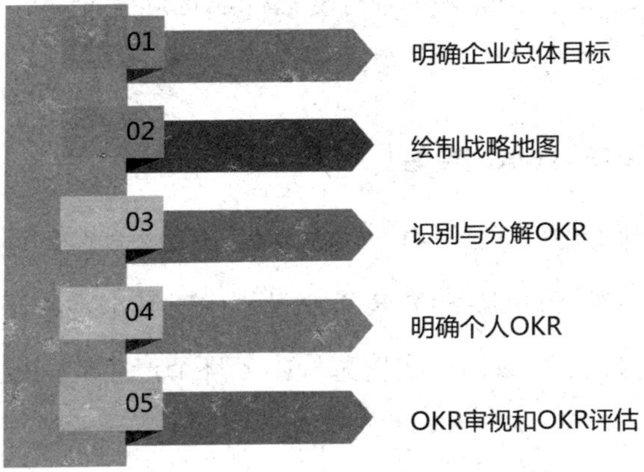

图 1-2　利用 OKR 提高战略执行聚焦度的步骤

1. 明确企业总体目标

企业管理者在实施 OKR 时，首先应进行战略梳理，明确企业的总体目标。

2. 绘制战略地图

明确了企业的总体目标后，企业管理者需要将总体目标中所包含的一连串假设转化为一系列具体的因果关系链，并通过因果关系链绘制战略地图。

3. 识别与分解 OKR

接下来企业管理者需要识别与分解 OKR。OKR 的识别与分解就是对总体目标进行分析并将总体目标分解到各部门。

4. 明确个人 OKR

确定各部门的 OKR 之后，企业管理者还要确保部门 OKR 的分配能够落实到每一个员工身上。在 OKR 的完成过程中，企业管理者要同时重视过程和结果，做好年度指标与月度指标的合理分配，最后再细化到个人 OKR。

5. OKR 审视和 OKR 评估

在实施管理 OKR 的过程中，OKR 的设计和合理分配虽然十分重要，但企业管理者同样要重视在 OKR 实施过程中对其审视和评估，这保证企业管理者能够及时发现 OKR 实施过程中各环节产生的问题并及时对其进行调整。

OKR 能将企业各部门、各层级之间的复杂协作和工作内容阐述得一清二楚，使每一个员工、每一个部门的工作目标聚焦于企业的总体目标，从而提高企业战略执行的聚焦度。

1.3.2 培养员工的目标和结果意识

褚婷婷是哈尔滨一家 POS 机公司的文案专员。在她所在的公司未引进 OKR 之前，她的主要任务就是每天编写 25 篇文案，字数不限。于是褚婷婷几乎每天都是盲目地寻找素材，拼凑网络上的文案模板。虽然她能够完成每天的工作量，但是文案的质量并不高。

褚婷婷认为文案的好坏对公司整体运营结果影响不大，自己只要每日不迟到、不早退，按时完成领导交代的任务即可。该公司文案部的其他员工与褚婷婷的状态大体相同。

后来，该公司为了谋求更好的发展，引进了OKR管理体系，并在运营部与文案部最先实施OKR，褚婷婷所在的团队也随之进入调整阶段。

文案部以公司整体第一季度目标“POS机销量对比上一季度上涨60%”为基础，制定部门第一季度目标“利用优质文案提高转化率”。这个目标又被继续分解到褚婷婷等文案部门的员工身上。

随后，在部门领导的指导下，褚婷婷制定出自己的OKR，内容如下：

Objective：写出真正有质量的文案。

KR1：所撰写的文案要符合“KISS原则”（简单就是美），确保每篇文案都突出主题。

KR2：每周至少有10篇点赞数超过4 000的文案。

KR3：截至第一季度结束，文案的阅读数据和转发数据每月增长50%。

在文案部门引进OKR一个月后，褚婷婷发现自己的文案写作水平有了飞快提升。在每月OKR总结例会上，她总能受到领导的表扬，也能在例会上得知自己的工作成果是如何促进部门工作目标完成的。她开始觉得自己是企业的一分子，也是文案部的一分子，她的工作成果与部门的工作成果密切相关。

从褚婷婷的案例可以看出，如果企业管理者发现员工的目标和结果意识不强，可以通过实施 OKR 来改善这一状况。OKR 可以帮助员工对企业目前阶段的发展状况和未来的发展方向有一个明确的认知。

企业管理者为什么要培养员工的目标和结果意识？这就涉及意志的作用过程原理，如果员工的目标和结果意识不强，那么他的敬业度和责任感自然也不会太强，只有员工对 OKR 充满激情，整个企业才会有真正的驱动力。

如何让员工对 OKR 充满激情？这就需要企业管理者在制定 OKR 的目标和关键结果时要体现出员工的意志。自主选项的意志作用和非自我选择的意志作用相差很大。

自主选择的意志作用过程如图 1-3 所示。

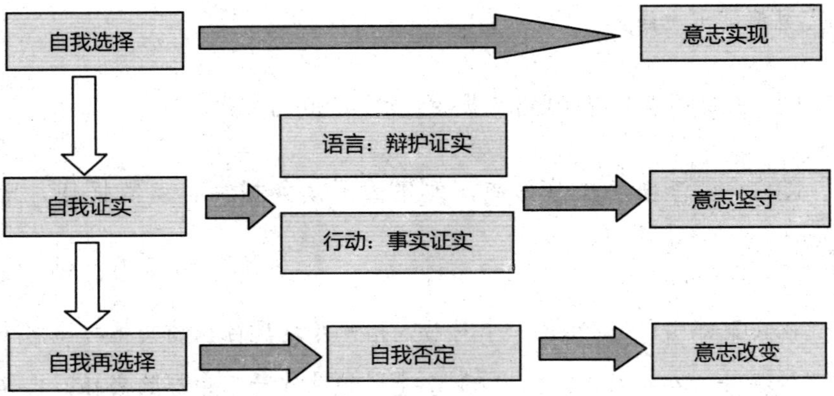

图 1-3　自主选择的意志作用过程

如果企业管理者在制定企业各层级的 OKR 时能够体现出员工的意志，那么员工就会通过各种方法来证明自己的选择是正确的。这时员工就会通过关键结果来证明自己意志的正确性。并且员工还会通过自我否定，在工作中不断反思改进工作方法，从而改变自己的意志，达到更高层次的自我意志的实现。

在实施 OKR 时，自主选择的意志作用表现得非常明显。如果企业的总体目标是全体员工经过商讨表决确定的，那么这个目标就是企业全体员工意志的表现，企业全体员工都会对 OKR 的实施更有责任心，这样在实际工作中自然会激发员工的积极性，有利于企业总体目标的完成。

非自主选择的意志作用过程如图 1-4 所示。

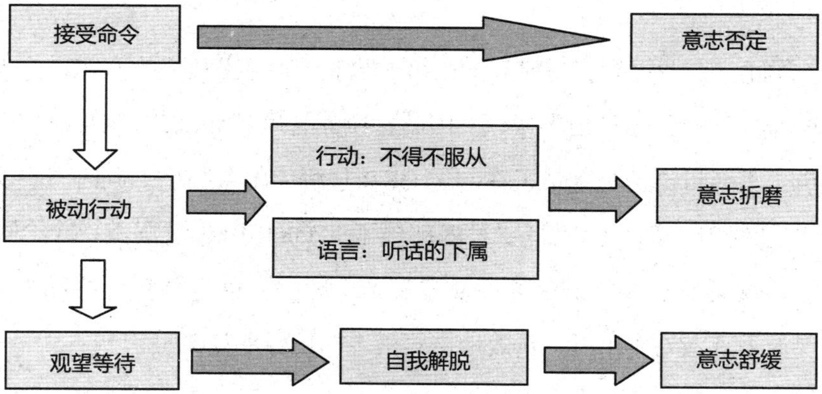

图 1-4　非自主选择的意志作用过程

如果企业管理者在制定企业各层级的 OKR 时没有体现出员工的意志，

员工对 OKR 的目标和关键结果也难以重视。员工在接受上级命令时，首先表现出来的就是对自我意志进行否定，认为该目标与自己无关或对该目标毫无信心。这时员工的行动就是被动的，表现在语言上，就是员工对上级的安排持无所谓的态度；表现在行动上，就是员工除了自己的本职工作外对其他工作缺乏积极性。

在这种心理状态下，员工的自我意志难以表达，思想消极，遇到有难度的目标时，就会自我解脱，如员工会认为目标完不成都是领导的错，和自己没有关系等。员工会通过这样的自我解脱使自我意志得以舒缓。

在 OKR 的实施过程中，如果企业目标是员工非自主选择产生的结果，就会使 OKR 的整个进展受到阻碍。一方面，在工作中，员工会对 OKR 持怀疑的态度，消极工作，目标进展并不稳定；另一方面，如果企业目标没有被按时完成，他们也不会遗憾，更不会反思。

因此，企业管理者在制定 OKR 时要注意体现出员工的意志，这有利于培养员工的目标和结果意识。因此，企业管理者在制定 OKR 时，要多于员工沟通讨论，提高员工在制定 OKR 过程中的参与度。同时，在实施 OKR 过程中，企业管理者要对内部员工的 OKR 完成情况做一个全面的了解，收集员工的反馈意见并及时对不合理之处进行调整。这样才能在体现员工意志的作用下，有效地培养员工的目标和结果意识。

1.3.3 加强部门间沟通，让企业扁平化

广州一家处于瓶颈期的服装厂在引进 OKR 管理体系后成功转型，连续两年销量领先，现已成为年订单量过千万的服装制造企业。

企业管理者王丹认为，该服装厂在此前客户源单一，企业项目保守，从不做创新改革。虽然服装厂的订单量较为稳定，但是面对激烈的市场竞争，不进步就等于退步。

在王丹未接手该服装厂之前，整个企业共有3位总经理和5位副总经理，副总经理之下还有10个部门经理，部门经理之下还设有团队主管。企业最高管理者的决策总是先下达给5位副总经理，再由这5位副总经理将决策下达给各部门经理，最后再由各部门经理下达给各个团队主管。在这样烦琐的流程下，要全面贯彻执行服装厂的战略至少需要一个月的时间。

在王丹接手服装厂之后，针对以上问题，王丹决定先从管理上进行改革，为此她选择在企业内部引进OKR。对于引进OKR的原因，王丹是这样解释的，服装厂相对于其他企业来说组织结构较为单一，企业内部的战略决策传达也应该畅通无阻。而在服装厂的转型阶段，传统的“金字塔型”的组织结构严重影响了服装厂的工作效率。

OKR强调的是充分释放企业各层级、各部门间的协作能力，使企业内部的沟通变得更加透明、直接。王丹认为，OKR可以压缩企业层级和多余部门，使员工能够以最快的速度反映企业的战略执行目标并进行自我管理。

因此，王丹决定在整个服装厂实施OKR体系，并将原有的5名副总经理缩减至2名，再将部门经理缩减至3名。部门经理直接负责部门大小事宜，她和2名副总经理共同制定各个阶段的战略目标，部门经理和基层员工在整体战略目标的基础上确定部门和个人的目标和关键结果。

很快，在 OKR 的辅助下，迅速实现了该服装厂各个部门间的协作。比如，王丹在第一季度制定了降低辅料成本这一目标，就需要该服装厂的裁剪部、采购部以及设计部间的协作。各部门间协作的通畅大大提高了工作效率，也实现了该服装厂的战略聚焦。

这一案例充分说明了企业在实施 OKR 后，可以通过裁减冗余岗位和人员来建立起一种紧凑、扁平的组织结构。在这种组织结构下，企业开展各项业务也会具有很大的灵活性。

企业实行 OKR 可能会使原先上下级之间存在的权属关系发生变化，这时就需要企业管理者重新划分权力边界，明确组织中员工的个人目标、部门的目标以及企业的整体目标。

OKR 要求员工把个人目标与企业目标融为一体，做到权责结合，这也是企业扁平化的核心内容。企业结构扁平化是指企业的组织架构由原来纵向发展管理层级的形式转变为横向扩展。

OKR 能让企业组织以目标的核心流程为中心，这能使组织结构更加扁平，各职能部门的职责逐渐淡化。员工会更加清楚地了解企业的总目标是什么，并且能够知道企业总目标的完成进度，目标的明确更能激发员工工作的积极性。

由此可见，OKR 不仅可以减少上情下达或下情上传过程中的时间成本，而且也可以减少企业内部不同职能部门之间的沟通和合作障碍。企业实施 OKR 管理体系更能适应瞬息万变的市场环境，释放出企业的灵活机动性。

1.3.4　激发员工的内在驱动力

企业的价值是由员工创造的，企业的发展是由员工推动的，员工是企业最基础的基因。OKR 的实施能够有效激励员工，激发员工的内在驱动力，促使其为企业创造更多的价值。为什么 OKR 能激励员工？主要体现在以下两个方面。

首先，在 OKR 的制定和实施的过程中，员工都会有一定的自主性。在 OKR 的制定中，员工可以提出自己的意见和建议，员工的诉求也会体现在 OKR 中，自身诉求的满足能够激发员工工作的积极性。

同时，在工作过程中，员工也能充分发挥自主性。OKR 设定了员工工作的目标方向和框架，在这个框架内，员工可以充分发挥自己的自主性，在确保结果能够达成的前提下，员工可以按自己的意愿来安排工作内容。和被动地接受安排相比，员工主动决定要做的工作会让员工在工作中更有动力。

其次，反馈是 OKR 极为重要的一个方面，即 OKR 的更新。OKR 是短周期的目标，而定时对目标进行更新能够对员工起到激励作用。

例如，在公司 OKR 实施的过程中，公司的研发部门每周都要对部门目标进度进行更新。部门员工会通过会议来了解部门目标的进度和公司目标的进度，以此明确这一周的工作情况并了解剩余的工作。同时，该研发部门也会对比本周和上周的工作进度，明确本周部门对公司的贡献度是否有所提高。这种重复加强印象的过程，会使员工对部门目标和工作进度有一个清楚的认识，目标进度的每一次提高对于员工来说都是一次激励。

对部门目标和公司目标频繁地进行回顾是实施 OKR 的一个“撒手锏”。这种形式感很强的回顾能够时时提醒员工工作进度和目前所达成的结果。

基于以上两点，OKR 能够起到激发员工内在驱动力的作用。此外，企业管理者需要注意，为了更好地发挥 OKR 对于员工的激励作用，企业管理者可以针对员工 OKR 的完成情况设置一些奖励，如在部门中或企业中对 OKR 完成优秀的前 10% 的员工予以奖励等。奖励也可以配合 OKR 更好地激发员工的内在驱动力。

第 2 章

OKR，远没有想象中那么遥远

绩效管理的发展衍生出了更适合当代社会需要的 OKR，同时 OKR 又在互联网发展、经济社会发展与新时代环境下人们思想转变等各种因素的影响下，迅速地在企业间普及。

OKR 与 KPI（关键绩效指标）有密切的关系，二者可以作为搭档共同应用于企业的管理体系中。OKR 在不同类型的企业中都可以很好地应用，其具有普遍的适用性。同时，在引进 OKR 时，企业管理者也可以选择不同的方式。

2.1 OKR 与 KPI，对手还是搭档

很多人认为 OKR 就是 KPI，甚至很多企业管理者在管理过程中也混淆了两者的实施方法。OKR 和 KPI 同为目标管理方法，两者之间既有共通性，又存在差异。有人说 OKR 的出现对 KPI 具有毁灭性的冲击，也有人说 OKR 可以与 KPI 合作共存。那么，两者究竟是相辅相成的搭档，还是互不相容的对手？

2.1.1 OKR 不是 KPI，但 OKR 包括 KPI

KPI 即关键绩效指标，该指标经常被用于企业项目或企业特别活动的绩效衡量。不同的企业部门有不同的 KPI 制定标准。KPI 是很多企业审视自身价值的关键点，有很多企业是直接参照 KPI 的完成度来决定员工薪资水平的。KPI 是用于衡量员工工作绩效的量化指标。

那么，OKR 与 KPI 有什么关系？企业管理者要知道 OKR 不是 KPI，KPI 在理论上是必须要严格按照 SMART 标准制定的。即：绩效指标必须是具体的（Specific）；绩效指标必须是可以衡量的（Measurable）；绩效指标必须是可以达到的（Attainable）；绩效指标必须要与其他目标具有一定的相关性（Relevant）；绩效指标必须具有明确的期限（Time-bound）。

员工的 KPI 绩效指标是否达到标准，甚至达到标准的比例都是能够被测量的。

而 OKR 不同于 KPI，OKR 与 KPI 的核心虽然都是目标和关键结果评价，但是两者的工作方法具体差异很大，OKR 的实施方法包括以下几个方面。

（1）从年度 OKR 细化到季度 OKR，一个季度评定一次，期间企业管理者可随时对 OKR 体系进行更新和检验。

（2）OKR 的目标需要企业内部从下而上讨论、自上而下分解，个人目标的确定需要以公司总目标和部门目标为中心。

（3）关键结果要设定明确，并且需要对其进行量化处理。

（4）企业所有员工都要制定自己的 OKR，并且要透明、公开，同级可互相评价。

从以上实施方法来看，OKR 和 KPI 之间的差异并不突出。但是，OKR 的核心是目标，而 KPI 的核心是指标结果。如若把指标的结果定为衡量员工工作的标准，就容易导致企业员工过于重视指标的完成结果而忽视了工作的最终目标。

比如，一个互联网公司将页面浏览量作为 KPI 指标，员工为了提高页面浏览量会把用户本可以一页完成的浏览过程，分解成 N 个步骤，用户因此不得不花费更多的时间和精力来访问更多的页面。KPI 的指标完成了，却损害了用户体验。由此可见，一味追求 KPI 指标可能会让员工忽视工作的目的。

反观 OKR，OKR 代表的是企业目标和关键结果，企业目标表明企业的发展方向和目的，而关键结果则表示企业是否已经完成了目标。企业在实施 OKR 的过程中，企业自身想要达到什么目的、企业依靠什么因素确定目标已经达成、如何能达到这个目标，这三个问题是企业管理者必须要考虑清楚的。

OKR 是帮助企业达成目标的工具，而 KPI 是用来做绩效评估的工具，但是 OKR 包括 KPI。比如，一个公司以提高全年销售总业绩额为目标，那么企业管理者可以根据这一目标设定几个关键结果，如每个月业绩额增长 50%，那么月业绩额增长 50% 就是这个关键结果的 KPI，每个月的销售业绩额（KPI）就是提高公司全年业绩额的要素。

综上所述，我们可以对 OKR 与 KPI 的区别做一个总结归纳，如表 2-1 所示。

表 2-1　OKR 与 KPI 的区别

	OKR	KPI
定义	企业目标和关键结果	关键绩效指标
实质	1.“O”代表的是目标（定性目标），并且是企业“想要得到、实现什么” 2. 企业建设过程中不能缺失的目标，就是指企业为了实现目标要做什么 3. 内在动力 4. 对于企业全体员工来说是一种引导式的激励指标	1. 是衡量员工工作绩效表现的量化指标 2. 是企业正在进行中的项目或企业特别活动的绩效衡量指标 3. 外在动力 4. 是企业管理者为员工制定的战略发展指标
制定目的	激励员工自发地发挥主观能动性和创造力	为了考核员工是否完成了关键项目

由表 2-1 可知，与 KPI 相比，OKR 更具灵活性，对于员工来说更能激发员工工作的积极性与创造性。同时，OKR 紧紧围绕企业的目标而实施，避免了过于重视数值而忽视最终目标的弊端。

2.1.2 OKR 提供野心与现实间所缺失的联系

OKR 制定的目标通常都是富有挑战性的，而 OKR 在实施过程中能够实现对员工的激励，使其充分发挥工作的自主性和积极性，能够促使那些富有挑战性的目标得以实现。相较于 KPI，OKR 通过挑战性的目标和员工自主性的激发，能够建立起企业管理者野心和现实之间的联系，OKR 更能够推动企业的快速发展。

KPI 作为企业评估绩效的工具，属于推动企业发展的外在动力；而 OKR 能够激发员工工作的积极性和创造性，激活企业发展的内在动力。KPI 是企业管理者为员工制定的指标体系。但 OKR 对于员工来说是一种引导式的激励体系，能够使员工集中在一起，共同为企业的目标而努力奋斗。

相比较于 KPI，OKR 能够加强员工之间的沟通与协作。OKR 是企业管理者通过自上而下与自下而上两种方式结合而制定的。在制定过程中，企业上下级员工能够实现有效沟通，同时员工的诉求也可以在一定程度上得以实现。而 OKR 的更新与检验过程也必须通过上下级的充分沟通。这些都是激励员工、调动员工工作积极性的有效手段。

KPI 的制定目的是考核员工是否完成了关键指标，员工的工作内容都是设定好的。OKR 则着重于激励员工自发地发挥主观能动性和创造力，关键结果强调的是结果而不是工作内容，员工在工作过程中具有很强的自主性。

总之，OKR 制定有野心的、有挑战难度的目标。OKR 强调野心，它能为企业发展提供野心与现实之间缺失的联系，继而激励员工充分发挥自己的主动性去完成目标。

2.1.3 OKR 不会颠覆 KPI，而是融合应用

在企业的发展过程中，有效的管理工具是目标能够顺利达成的关键。随着人们对 OKR 认知的加深和 OKR 在越来越多的企业中应用，一些人认为，KPI 已过时，OKR 或成主流。

这种观点自然是错误的，管理方式的创新并不是谁颠覆谁，而是新旧管理方式之间的融合创新。KPI 和 OKR 融合创新的优势就在于让企业管理既能体现 KPI 的优势，同时 KPI 管理方式存在的问题也能够通过 OKR 的实施而改善。

企业实施 KPI 优势十分明显。KPI 具有普遍适用性，适合大多数企业。KPI 通过关键绩效指标的提取能够为员工指明工作中的重点内容，保证员工工作内容的准确性。同时，KPI 与员工绩效薪酬直接挂钩的方式能够更加公平、公正地衡量员工的工作，是衡量员工薪酬的有效标准。

KPI 在实际运用中也存在一些问题。

首先，KPI 关键绩效指标比较难界定，KPI 确定的都是可以量化的指标。对于这些指标是否对企业绩效产生关键性作用这一问题，需要企业

管理者运用专业的工具来分析。哪些指标是正确的？对于指标的量化是否合理？这些都是较难界定的。

其次，KPI 容易使企业管理者陷入机械考核的误区。如果企业管理者过于依赖关键绩效指标来评判员工的薪酬，就会容易忽略外界因素对关键绩效指标的影响，这容易引发关于绩效考核的一些异议。

再次，KPI 重视对员工工作过程的把控，员工每一步的工作都是被规定好的，这不利于激发员工的创造性。

最后，KPI 并不能对所有岗位都适用。企业内一些员工，如研发人员，其工作是很难用关键绩效指标进行量化的，因此通过 KPI 也难以准确地考核这些员工的工作。

除了 KPI 存在的这些缺陷，一些企业管理者也将 KPI 理解得过于简单。他们认为只要制定出每个人的 KPI，再依据 KPI 决定员工的薪酬，那么对员工的管理工作基本就完成了，这是十分片面的。许多工作都是需要团队间的协作才能完成的。在协作过程中，科学的 KPI 包含方方面面的因素，这些都需要企业管理者仔细识别。

同时，KPI 对于关键绩效指标和员工工作过程的关注，也会促使员工更多地关注关键绩效指标的完成，从而模糊了工作的最终目标。员工是以关键绩效指标为导向，在这样的情况下，如果指标的制定出现了偏差，就会出现即使员工完成了关键绩效指标也没有达成目标的情况。

OKR 在企业中实施能够解决 KPI 存在的缺陷。OKR 不是绩效管理工具，它是企业管理者弹性管理员工和员工自我管理的工具。OKR 以目标为导向，员工在工作过程中拥有更多的自主性，因此其工作的积极性和创造性能够很好地被激发。

简单把 KPI 和 OKR 做对比是错误的，因为两者使用的目的是不同的。同时，OKR 的发展也不会颠覆 KPI，两者可以做到融合应用。企业管理者可以根据自己企业的现状来分析使用哪种管理方式，也可以将两种管理方式相结合，应用于企业中。

2.1.4 KPI 和 OKR 其实是很好的搭档

对于 KPI 与 OKR 关系的探讨，要在具体情况下做具体分析。

比如，对于销售行业来讲，企业就需要对关键绩效进行考核，这时就必须用到 KPI。销售行业最需要保障的就是持续稳定的收入，因此企业必须制定可以量化的考核标准来衡量员工是否完成了销售任务，这时候企业实施 KPI 的作用远大于 OKR。但是，对于营销行业来讲，标准的 KPI 不但无法将团队的作用发挥到最大，还会对整个团队的灵活性产生制约，所以在这种情况下，企业实施 OKR 的作用便大于 KPI。

此外，还有些企业需要将 OKR 和 KPI 结合起来使用，比如，研发企业。与技术性、数据相关的指标需要使用 KPI 来制定考核标准，而在团队的影响力、产品的用户体验等方面就需要用 OKR 作为考量标准。

对于一个公司来说，承担业绩指标的部门就一定要实施 KPI。比如，公司一个月的销售目标为 7 000 万元，那么可以分解为：有多少大客户？对大客户的销售指标是多少？成单量和销售额是多少？新开发的客户数量是多少？销售额是多少？这种情况下就需要实施 KPI。

总之，企业管理者可以用 KPI 建立指标显示状态，实时监控运营，考核绩效；也可以用 OKR 给各个层级的员工制定目标和关键结果，使企业的执行战略高度集中，激发员工工作的积极性和创造力。但是，企业管理者无论是选择 OKR 还是 KPI 都需要结合企业的实际情况，一定要根据企业的发展现状和各层级需求来实施 OKR 和 KPI。

2.2　什么样的企业适合引进 OKR

OKR 的出现使得很多企业迎来了发展的新转机，但并不是所有企业都适合引进 OKR，OKR 必须与企业的形态和管理模式相匹配。OKR 具有普遍的适用性，初创型企业、高科技型企业、创新型企业都可以引进 OKR。同时，在引进 OKR 时，企业管理者掌握合适的方法也十分有必要。

2.2.1　初创型企业：需要探索前进的方向

处于创业初期的企业，尤其是从事互联网相关行业的企业，在初创阶段，企业往往对于自身的发展战略和目标规划没有一个明确的定位。企业管理者需要不断地对发展战略进行探索，不断地通过试错来积累经验。

如果初创型企业引进 OKR，那么就可以通过目标与关键结果的结合，把企业目标的牵引作用发挥到最大。同时，在实施 OKR 的过程中，企业管理者也可以对工作目的和方向进行修正、调整，以便保证企业发展方向的正确性。此外，OKR 强调企业内不同部门之间的合作，可以使企业减少不必要的资源浪费。

初创型企业一般规模比较小，采用的一般为直线制组织形式，这时企业管理者和员工能够建立起深厚的感情，公司的凝聚力也比较强。在直线制组织形式中引进 OKR，有助于企业管理者下达的指令能够被更好地执行。员工 OKR 的设置会紧紧围绕企业管理者设定的目标，确保企业管理者设定的目标能够被很好地完成，公司也因此得到快速、稳定的发展。

随着初创型企业的发展，企业的管理架构也将进一步完善，企业各部门的职能和岗位也将进一步健全，这时企业管理者会将自己的部分工作授权给各部门的负责人。在这种情况下，OKR 的引进能够帮助企业管理者实现对各部门的统一指挥，同时部门间的沟通协作也将大大增强。引进 OKR 之后，每一位员工与部门负责人对于企业的总目标和自己的目标都会了解得更加清晰，同时，企业管理者也可通过其关键结果的设置来确定其目标完成的情况。

初创型企业最需要的是不断地探索前进的方向，企业管理者实施 OKR 可以使企业每一个员工和各部门的工作聚焦于总目标，从而在战略试错的过程中能够得到更准确的试错结果。同时，OKR 的实施使得企业员工的职责更加明确，在接受企业管理者下达的新命令时反应也更加灵活。初创型企业对于外部环境的变化十分敏感，而企业内部的灵活性确保了其能够更好地改变策略，能够更迅速地规避风险。

总之，引进 OKR 对于初创型企业来说十分有必要。OKR 能够使企业上下的工作更加聚焦目标，提高了企业试错的效率和准确度。同时，OKR 也使企业运行更加灵活，使其拥有更高的抵御外部风险的能力。

2.2.2　高科技型企业：员工的素质普遍较高

在高科技行业中，产品更新换代的速度非常快，这使得高科技企业必须不断地进行技术革新来应对行业内激烈的竞争。这种类型的企业对员工提出了更高的要求，员工必须有自己的创造思维和市场敏感点。

在高科技企业中实施 OKR 可以培养员工的冒险精神，再加上高科技企业员工的素质普遍较高，个人自我管理能力强，OKR 更能激发他们工作的主动性和积极性，使他们自觉地发挥创造力和价值。对于这些员工，企业管理者往往只需为他们制定出工作目标，并帮助员工确定 OKR 后，他们会很自觉地根据工作进行 OKR 的调整。

高科技企业属于多线性组织结构，它是按照职能来进行分工的。即把相同职能的人员和管理业务组合在一起，从而设置出相应的管理部门和管理职务。企业管理者需要把相应的职责和权力交给相关的职能机构。各个部门拥有在自己管理范围内向下级单位施发号令的权力。因此，下一级的员工除了要接受上级指挥外，还需要接受上级各个职能机构的领导。

这种组织结构是存在弊端的。职能部门的工作往往只面对本部门，但是在完成一个比较复杂的项目时，通常需要多个职能部门进行合作，这容易导致各个部门的目标被忽略。而且高科技型企业在这种组织结构下，每个部门可能会优先考虑本部门的利益。这样就会导致某些重要的问题被忽视，从而使项目难以进行。

企业管理者引进 OKR 可以有效地解决上述高科技企业中存在的问题。OKR 能够使企业各部门聚焦于同一个目标，为了达成这一目标，各部门间的合作也将大大增强，各部门间的资源能够被合理地分配和共享。只要企业管理者所制定的 OKR 符合企业自身发展的需求，那么这个项目就能够从每个部门中获取所需的专业技术人员。目标的聚焦使得高科技企业的人员灵活性更大，各部门间合作的项目也能够被更好地完成。

2.2.3 创新型企业：有助于改善组织结构

对于创新型企业来说，引进 OKR 有助于其改善组织结构，创新型企业将“创新”作为企业发展的核心动力，其需要保持持续的创新。在创新型企业中引进 OKR 不仅有利于创新型企业创新能力的提升和强化，还可以为创新型企业提供企业组织建设的管理要素，明确其活动条件和范围，使之形成相对稳定而科学的管理体系。

首先，OKR 可以在创新型企业的组织架构下，帮助各部门分工协作，从而形成决策权的划分体系。这样既能够保证组织内部信息传导的效率和真实性，使决策被高效地执行，还能够使部门间职责明确，避免企业内耗导致企业资源浪费。其次，OKR 能变革创新型企业的组织结构，发挥组织的协同效应，最大限度地释放企业的能量，最终达到“1+1>2”的高效运营效果。

引进 OKR 的企业组织结构与传统的科层制组织结构不同。科层制组织结构以专业作为划分各功能部门的依据，各部门之间有着明确的界限，每个部门不能插手其他部门的管理工作。

科层制组织结构的运作模式较为僵硬，难以灵活地对快速变化的环境做出反应。而 OKR 能够对这种传统的结构组织进行变革，OKR 打破了之前部门间的界限，同时也能简化不必要的部门和职能，可以使员工与部门的工作直接聚焦公司总体目标。

创新型企业的工作模式是工作流程围绕目标明确的核心流程，需要每个员工共同为之努力，而不是将企业目标分解到各职能部门再由各职能部门组织开展工作。在创新型企业引进 OKR 后，各职能部门的职责将逐渐淡化，员工也会将完成企业目标作为自己工作的最终目标。

OKR 能完善创新型企业的组织结构。创新型企业可以利用 OKR 精简组织结构，明确各个岗位的工作职责，充分发挥员工的个人能力。同时，更加灵活的组织结构能使企业更快速地适应外界环境的变化，创新型企业能够抓住机遇并迅速做出反应，从而能够提高产品技术创新的频率，而提高产品的创新频率是创新型企业增强企业竞争力的重要方面。

2.2.4　共性分析：什么样的企业适合实施 OKR

如今，各企业对 OKR 的关注程度越来越高，其对 OKR 也有了不同程度的使用。一些企业实施 OKR 获得了显著的成功，也有一些企业实施 OKR 后未见成效。更多的企业正在迷茫，不知道企业是否应该实施 OKR，仍然处于观望状态。

那么，在什么情况下适合实施 OKR ？适合实施 OKR 的企业有哪些共性？有以下 3 个需求的企业十分适合实施 OKR。

1．外部环境变化快，要求企业有迅速反应的能力

如果企业需要有快速反应外部环境变化的能力，那么也就适合实施 OKR，这也是许多互联网企业都积极实施 OKR 的原因。互联网行业是一个高度不确定性的行业，在产品研发过程中，可能由于市场需求的变化，产品研发就需要调整目标甚至从头再来。这就要求互联网企业必须具备快速反应外部环境变化的能力。而 OKR 是以目标为导向，目标改变后 OKR 也会随之调整，以目标为导向的管理方式能够更加迅速地根据目标的改变而改变。

2．目标感强，需要团队内部实现目标全透明

一些成熟的大企业能够较为准确地预估市场行情的变化，有完善的运作流程，这时各个岗位的员工只需完成自己的工作即可，不需要跟企业目标完全一致。

但是，对于软件或者互联网产品，整个团队目标的一致性就十分重要了。每个员工都需要清楚地了解用户的需求，明确自己为满足用户需求能够做的工作。这时团队就需要实施 OKR，保证团队目标和个人目标的公开透明，以便让员工的工作能够聚焦于团队目标。

3．激发企业活力，发挥员工潜力

如果企业需要寻找一种有效的方法激活企业发展的活力，发挥员工的潜力，那么企业就需要实施 OKR。在许多企业中，“90 后”员工逐渐成为推动企业发展的主力军。他们不喜欢封闭过度受控的工作环境，同时他们也渴求有机会能发挥自己的创造力。

在这种情况下，企业实施 OKR 就会十分有效，OKR 可以让这些年轻的员工在紧盯目标的同时，在目标实现的过程中充分发挥自己的主动性。OKR 的实施不但能发挥员工的潜力，还能激发企业活力，一举两得。

以上 3 种情况十分适合实施 OKR，如果企业管理者认为企业有以上 3 方面中任何一方面的需求，都可以在企业中实施 OKR。企业管理者在实施 OKR 时，可以根据实际情况选择在整个企业、某个部门或者某个项目中实施 OKR。

2.3　如何在企业中引进 OKR

企业管理者在引进 OKR 时必须掌握正确的引进方式。大企业管理者在引进 OKR 时，不能在高管层、部门层和员工层中同一时间实施 OKR，企业管理者需要首先选择其中一个层级，由点到面，逐步引进 OKR，最后再将 OKR 扩展到整个企业。

2.3.1　OKR 部署方式

企业管理者在企业中引进 OKR 时，根据企业规模的不同，OKR 的部署方式也不同。企业管理者在引进 OKR 时，可采用的方式主要包括以下三种。

第一，对于创业公司而言，由于公司规模较小，在整个企业范围内实施 OKR 较为容易，因此，企业管理者可以在全公司实施 OKR。这是

OKR 应用的主流，创业公司是实施 OKR 的主力军。没有其他管理模式的束缚，创业公司在成立之初就可以选择一种更符合时代发展、更能促进高绩效管理的模式来管理公司。

第二，对于传统的大型企业而言，企业管理者可以选择先在某个部门进行试点。许多传统的大型企业都会选择企业的研发部门来试行 OKR。在研发部门中，由于员工工作的关键指标难以量化，传统的目标管理工具 KPI 很难在研发部门中发挥有效的管理作用，因此研发部门亟须寻求新工具来进行有效的管理。

第三，企业管理者可以在单独的项目中实施 OKR。OKR 的理念十分吻合研发团队中敏捷开发的原则。如聚焦优先、不断更新等都是两者共同追求的内容。对于敏捷开发项目而言，OKR 比 KPI 更能推动项目的进展。

无论企业管理者选择在某个部门或是在整个企业中实施 OKR，都需要对 OKR 进行逐步部署。同时，从初步部署 OKR 到实现整个企业的覆盖，这个时间可能是一个季度甚至一年，企业管理者不要急于求成。为什么要这样部署呢？

一方面，OKR 设定目标的方法与 KPI 的目标设定不同，不是给员工设定一个量化指标就可以了。企业管理者需要明确任务的优先、明确达成目标的逻辑和目标的最终效果。因此管理者需要锻炼自身的系统思维，企业管理者对 OKR 有整体的、系统性的把握，才能在后续的工作中对员工进行有效指导。

另一方面，企业管理者需要逐步建立 OKR 实施的文化基础。OKR 提倡自我管理、团队协作、挑战创新、坦率沟通等。只有在企业中建立了这样的文化氛围，才能发挥 OKR 更大的作用。在部署 OKR 的过程中，企业管理者要评估这些文化因素，不断进行调整。

在企业管理者部署 OKR 的过程中，可能还会存在一些特殊情况，这也是需要引起企业管理者重视的。当不同的团队间存在合作关系时，它们可以共用一组 OKR。

例如，IT 团队下会垂直组建 IT 销售团队、IT 市场团队、IT 产品团队等。这时，不需要每个 IT 业务团队单独制定 OKR，它们可以共同使用一组 OKR。各业务团队在制定 OKR 时，可以通过彼此间的沟通实现 OKR 的合理性与一致性。这样，对于不同的在工作上存在相关性的团队而言，其目标和关键结果是一致的，更有利于彼此间工作的协调。

不仅 IT 团队可以采用这种模式，其他团队也可以采用这种模式，这取决于团队组织结构联系的紧密性。例如，在软件行业，产品团队和开发团队是紧密协作的，虽然是两个截然不同的部门，但它们之间的依赖关系较强，可以共用一组 OKR。

无论企业管理者采用哪种方式在企业内实施 OKR，都要根据对企业业务及规模的分析选择合适的部署方式，同时，若企业管理者在整个公司内实施 OKR，也需要通过部门试点来一步步推行。在逐步实施、推广 OKR 的过程中，企业管理者需要有足够的耐心，也需要把握时机。

2.3.2　OKR 应用策略

OKR 的应用策略即探讨 OKR 与绩效考核的关联。OKR 评估结果不可与员工的绩效与薪酬直接挂钩，不然会导致员工一味追求结果而忽视过程。这就弱化了 OKR 对于员工创造力的激发，员工也不会在工作中充分发挥自主性去选择更有挑战性的工作。

虽然 OKR 不能直接与员工的绩效挂钩，但 OKR 也在一定条件下成为影响员工绩效的因素，使员工的绩效评估更加公平。在实践中，OKR 有以下 3 种应用方式。

1．OKR 仅作为管理和沟通工具，与绩效考核不做任何挂钩

OKR 的目标通过信息公开、团队沟通等方式实施，依靠员工内在驱动力来实现。如果公司没有建立绩效考核机制，OKR 的实施就会更加单纯。

2．OKR 与绩效考核隐性挂钩

在一些不以 KPI 绩效考核为主的公司里，OKR 与绩效考核隐性挂钩。隐性挂钩即 OKR 评估不直接关联绩效考核评分，而企业管理者会参考员工的 OKR 完成情况、目标的挑战性和对企业作出的贡献等对员工进行绩效评价。例如，谷歌实施 OKR，同时谷歌也对员工进行绩效考核，在同事或上级管理者对员工进行评价时，都会参考员工同一阶段的 OKR 完成情况。

3．OKR 影响绩效考核

在实施 KPI 绩效考核的公司中，在 KPI 对员工进行绩效考核的基础上，OKR 可对 KPI 绩效考核的准确性进行校准。在进行 KPI 绩效考核评级时，对分数相近的员工，企业管理者可以分析员工 OKR 的完成情况来校准员工考核的等级，使员工的等级评定更为合理。

在企业管理者实施 OKR 的过程中，对于 OKR 与员工绩效的关系，企业管理者可以根据企业自身的实际情况来具体分析。总之，企业管理者需要注意，OKR 不可直接与员工的薪酬绩效挂钩，但是可以辅助 KPI 进行绩效考核的校准。

2.4　实施 OKR 需要避免的陷阱

OKR 在谷歌、英特尔等应用的成功证明了这是一个非常有效的管理工具。合理的 OKR 能够使企业赋能团队和个人，以更好地应对快速发展时代中的挑战。但在实际应用中，不少企业管理者都有担心：将 OKR 引进公司时需要避免哪些陷阱？

2.4.1　形式 OKR，事实上还是 KPI

OKR 是由目标和关键结果组成的，强调的是结果、目标。而 KPI 即关键绩效指标，它是判定工作完成质量的衡量指标。

在工作中，如果员工关注目标，员工就会以目标为导向，时刻关注目标的进度，为完成目标而努力；如果员工关注指标，员工就会以指标为导向，以完成指标为目的，而过于关注指标可能会让员工忽视目标，可能会出现员工过于重视某一指标而导致目标没有实现的问题。

在设定 OKR 的 KR 时，KR 必须是可衡量的，这就和 KPI 十分相像，KPI 要求指标是可量化的。两者似乎区别不大，所以一些此前使用 KPI

的公司在实施 OKR 时，就会在设定 KR 时套用 KPI 的指标。

KR 套用 KPI 指标本身没问题，KR 也可以是指标。但关键是在 OKR 中，KR 是聚焦于目的而设定的；在 OKR 复盘中，KR 会随目标的进度等进行调整；在实施 OKR 的过程中，也需要实践来验证 KR 是否有效。而 KPI 在确定之后，员工的工作围绕 KPI 展开，员工以完成 KPI 为目的。一个是目标牵引，另一个是指标牵引，这是 OKR 与 KPI 的关键区别。

企业管理者实施 OKR 需要避免的第一个陷阱就是“形式 OKR，事实上还是 KPI”。制定 OKR 时是目标牵引，而实施 OKR 时又变成指标牵引。

企业管理者运用 OKR 管理体系时需要关注“目标是什么”，思考“要做什么”；而企业管理者运用 KPI 时关注的则是“指标是什么”，思考“工作会被如何评价”。两者的侧重点是不一样的，需要企业管理者对此进行区分。

2.4.2 把 OKR 与绩效考核直接挂钩

在 KPI 绩效管理体系中，KPI 一个重要的作用就是可以衡量员工的工作，并依据衡量结果对员工进行考核，而 KPI 绩效考核是与员工的薪酬直接挂钩的。在这种情况下，员工会更加重视 KPI，只愿意做与绩效考核相关的工作，而忽视与绩效考核无关的工作。

那么，能不能把 OKR 与绩效考核直接挂钩？答案是否定的，如果把 OKR 与绩效考核直接挂钩，那必将弱化 OKR 对于员工的内在激励作用。

例如，某客户经理在设定目标时设定了一个具有挑战性的 OKR，即

2021 年第一季度销售额较上一季度提升 100%。但最后，该客户经理本季度的销售额比上季度提升了 50%，没有达到当初设定提升 100% 的目标。

那么，在对该客户经理进行绩效考核时，应如何评价其工作？如果 OKR 与绩效考核直接挂钩，那么该客户经理显然没有达成 OKR 的目标，自然也不会获得良好的评价。而这样的结果对于该客户经理来说显然是不公平的。

这种评价方式没有考虑该客户经理的实际贡献。因为该客户经理设定的是挑战性目标，100% 完成的难度较大，但从实际贡献方面分析，该客户经理销售额提升 50% 的业绩也是很优秀的。如果企业管理者既要求员工设定挑战性目标，又以挑战性目标作为绩效考核的依据，这对员工来说是不公平的。

因此，企业管理者在实施 OKR 时，要将 OKR 评估与绩效考核分离开来。OKR 以实现目标为目的并思考路径，其重要意义就在于激发员工在实现目标过程中的积极性和创造性。而绩效考核需要对员工所作的贡献进行公平回报。在实践中，企业管理者可以把 KPI 和 OKR 结合起来应用，两者结合可以进一步激发员工的潜力。

2.4.3　以为制定好 OKR 就万事大吉

OKR 是一个目标管理工具，制定好 OKR 只是目标管理的开始，因此企业管理者不能制定好 OKR 后就不进行后续的工作了。“以为制定好 OKR 就万事大吉”也是企业管理者在实施 OKR 时需要避开的一个陷阱。即使制定了科学合理的 OKR，如果没有相关的配套工作作为辅助，OKR

也难以发挥激发员工积极性与创造性的作用。

在制定好 OKR 之后，企业管理者还需要做好两个方面的工作以辅助 OKR 更顺利、更有效地进行。

首先，企业管理者需要促进员工、团队之间的沟通交流。不同员工、不同团队之间的沟通交流，一方面让员工或团队能够及时了解其他员工或团队的工作动态和工作进度，以此来激励或调整自己的工作；另一方面，员工间、团队间充分的交流沟通也能够更好地实现彼此之间的协作。

其次，企业管理者要做好 OKR 的辅导和反馈。在 OKR 实施过程中，企业管理者要建立完善的 OKR 辅导流程，建立完善的员工反馈流程和渠道。企业管理者需要重视并肯定员工的想法，重视员工的每一次反馈。同时在 OKR 的辅导中，企业管理者也要充分考虑员工的意愿，结合员工的工作状态进行辅导，不能生硬地对员工进行例行辅导，以免挫伤员工的积极性。

总之，在 OKR 制定完成后，企业管理者还要完善 OKR 实施过程中的一系列后续工作。在 OKR 实施的过程中，有两方面是企业管理者必须要关注的：一方面是使员工保持持续的工作积极性；另一方面是及时发现并解决 OKR 实施过程中存在的问题。因此，企业管理者依旧要实时关注 OKR 的进程是否正常。

2.4.4 混淆了指令性 OKR 和挑战性 OKR

OKR 包括两种类型，即指令性 OKR 和挑战性 OKR。指令性 OKR 是指员工必须承诺达成的 OKR。如果指令性 OKR 没有达成，则意味着指令性 OKR 在制定上或者执行上存在偏差。

挑战性 OKR 针对未来难以实现的工作，其存在很大的不确定性。因此，企业管理者对挑战性 OKR 评判的标准不在于 OKR 有没有被达成，而应更加重视员工在完成挑战性 OKR 过程中的创新与成长。

企业管理者在实施 OKR 时，不能混淆指令性 OKR 与挑战性 OKR。指令性 OKR 是必须要完成的，挑战性 OKR 的完成程度存在很大的不确定性。如果企业管理者把指令性 OKR 当作挑战性 OKR，就很难通过指令性 OKR 激发员工的潜能，因为指令性 OKR 作为一定要完成的 OKR，其在设定的难度上是达不到挑战性 OKR 的难度的，因此也起不到对员工的工作积极性的激发作用。

同时，在两者的实施中，资源的优先分配是非常关键的，如果混淆了两者的性质，就会因为资源分配不合理而导致 OKR 难以达成。如果企业管理者把挑战性 OKR 当作指令性 OKR，那么，员工工作的顺序和资源的分配也会被颠倒。员工会优先分配资源进行挑战性 OKR，这会使得真正的指令性 OKR 缺乏必需的资源而难以完成。

一个团队的指令性 OKR 会消耗其大多数资源，而指令性 OKR 和挑战性 OKR 共同消耗的资源量，应是超出团队可用资源范围的。如果不是这样，那么就说明这个团队的 OKR 全部都是指令性 OKR，因为指令性 OKR 是在现有资源范围内完全能够达成的 OKR，而挑战性 OKR 的挑战性的一方面表现就是资源不足。

如果一个团队只使用了团队的部分资源就达成了团队所有的 OKR，

那么就说明这个团队存在资源浪费的情况。如果出现这种情况，企业管理者一方面可以制定更合理的指令性 OKR 和更具难度的挑战性 OKR；另一方面也可以重新配置资源，将部分资源分配到更需要的工作中去。

第 3 章

Objective：OKR 中 O 的设定

OKR 中的“O”代表目标，企业目标在被执行之前需要逐级分解到各部门，分解到每个员工。有效的目标设定是企业实施 OKR 的关键。那么，如何确定被分解后的目标是有效的？这需要企业管理者了解有效的 O 从何而来，有效的 O 应该具备的特征和设定 O 时的注意事项。

3.1 有效的 O 应该从何而来

在企业目标被分解的过程中，只有保证被分解后的目标是有效的，才能确保 KR 的准确性。那么有效的 O 从何而来？一方面，对上级的 O 进行分解能够得到更细化且有效的 O；另一方面，通过转换和承接上级的 KR 可以得到有效的下级的 O。

3.1.1 对上级的 O 进行分解

某电商公司在公司的季度会议上确定了公司的两大目标，即提高销售额和合理组织货源。随后，该公司的销售部门将这两个目标细化如下：

1. Objective 目标一：提高销售额

（1）拓展销售渠道，使渠道销售额提高 20%；

（2）售后服务质量指标达到 90 分。

2. Objective 目标二：合理组织货源

（1）按时完成订单，订单完成率 100%；

（2）提高物流运输管理水平，货物 100% 按时送达。

在设定好这些细化的小目标后，销售部门就可以根据这些小目标来制定关键结果，从而一步步地实现部门目标。

对上级的 O 进行分解能够得到更加细化的小目标，这些小目标是依据上级目标而设定的，因此这些小目标具有有效的可执行性。企业目标是一个综合的结果，每一个目标都需要企业各部门通力合作才能完成，每个部门需要从企业目标中找到自己应该做的那部分。同样，在面对一个整体的部门目标时，员工也可根据部门目标找到自己应该做的那部分。

因此，企业各层级在制定自己的 O 时，不能单纯地复制上一级的 O，而需要对其进行细分，明确自己对于目标的职责和任务。企业各层级 O 的制定需要与企业各层级自身的职责、属性紧密结合，再对任务进行细化，最终得出本层级的 O。

3.1.2 转换和承接上级的 KR

某健身器材公司某季度的 OKR 是这样制定的：

O：升级客户对器械产品的使用感觉，本季度成单客户数量增加 70%。

KR1：加快健身器械客户使用反馈和产品更新速度。

KR2：意向客户增加 85%。

KR3：新客户签约成单率不低于 65%。

KR4：创建优质的销售团队，招聘 8 名销售。

在上述 OKR 中，OKR 的阐述相对清晰，细化到了产品、市场、销售、人事部门应负责的具体工作内容。这时，这些部门的 O 就可以直接承接与本部门有关的上级 OKR，然后在此基础上设定本部门的 KR。

企业各层级要想设定有效的 O，除了分解上一层级的 O 外，还可以对上一层级的 OKR 进行转换和承接。在这一过程中，上下层级之间要进行有效沟通，确保上层级对下层级 OKR 的制定达成统一意见。

当 OKR 明确，OKR 实施计划都已经梳理清楚时，企业管理者就可以向员工提出几个问题，比如方案的可行性、哪些 KR 可立即实施等，以便员工在企业 OKR 分解结束后能马上开展相应工作。

在转换和承接上级的 OKR 时，企业下一层级的员工要思考以下几个问题：

1. 在转换和承接上一层级 OKR 的过程中，还有哪些不理解的地方？

2. 如何避免来自内外部的不利影响？

3. 假如无法高质量地完成上一层级的 OKR 转换，将怎样获得帮助？

4. 你希望别人如何来支持你？

5. 在转换和承接 KR 的过程中，你需要承担多大责任？

6. 在实施解决方案或完成 OKR 的过程中，有什么障碍？

7. 如何得到领导的认可？

这里需要注意，一般情况下，越是创新的业务，越需要企业各层级间的紧密协作，需要企业管理者将OKR进行量化处理，公司的各层级也需要拆解上一层级的O。而对于那些相对稳定的业务，企业需要的是在业绩上有所提升，因此企业管理者应先制定明确的总体的O和KR，再安排各层级去转换和承接相应的KR。

3.2 有效的O具备哪些特征

有效的O可以是对上级O的分解，也可以是对上级KR的转换和承接，这是有效的O的两个来源。但是在下一层级对上级的O进行分解或对上级的KR进行转换和承接时，如何进一步明确这些细分的O是可行的？这就需要企业管理者必须了解有效的O具备哪些特征。

有效的O必须遵循SMART原则来制定，即有效的O必须是明确、可衡量、可实现的，同时有效的O必须与企业战略具有相关性，其完成的时间也必须要有时间限制。

3.2.1 Specific：明确，不能模糊不清

某化妆品销售门店的目标是“提升员工工作能力”。这种目标描述就很不明确，因为“提升员工工作能力”是一个很模糊的说法。比如，门店要加强对员工业务技能的培训，将过去80%的员工培训率提高到90%，或是提高到100%，都可不同程度上提升员工的工作能力。那么，KR将如何制定？并且这个目标并没有明确的时间限制，这就会导致目标

的实施计划进展缓慢，最终导致计划流产。

有效的 O 必须是明确的，必须规定好在什么时间内做好什么事，确定这个目标需要达成的具体效果。因此，该门店可以将目标改成“在月底前完成 50% 员工的培训”“下个月底前完成 100% 员工的培训”等清晰、明确的目标。

有一个经典案例。一群各方面条件都旗鼓相当的年轻人被哈佛大学作为“目标这一因素对人生的影响”这一课题的跟踪调查对象。哈佛大学将这些年轻人分为四种类型：没有目标、有目标但目标模糊、目标清晰但短期、目标清晰且长期。

经过 25 年的跟踪调查，那些目标清晰且长期的人，在 25 年间朝着所定的方向不断奋斗后，几乎都成了成功人士；那些目标清晰但比较短期的人，也都生活在社会的中上层；而那些目标模糊和没有目标的人，在 25 年后，他们只是在自己的工作岗位上怨天尤人，并没有特别突出的成就。

从调查中可以得出结论，清晰的目标对未来人生有着重大的影响，起着巨大的导向作用。选择什么样的目标，并为之坚持，就会走出什么样的人生。

企业也是如此，企业管理者在制定 OKR 时，首要任务就是把 O 的内容阐述明确，只有这样，企业的各个层级才能聚焦于一个目标开展工作。反之，模糊不清的 O 只能阻碍企业的发展。

明确的目标是以时间、地点、人物等各方面能具体化的因素为标准。

比如，企业本月要完成10万元的订单，甲、乙、丙三个团队各要完成多少；某企业销售部门的目标为某年底（12月底）完成1 500万元的销售额，这项目标也是明确的。

即使在刚开始制定OKR时O是明确的，也可能会因为企业上一层级没有明确地将目标传达给下一层级而导致下一层级产生模糊不清的O。因此，在目标被分解的过程中，上下层级之间要加强沟通，同时，企业管理者也要根据各层级分解的目标来推测企业目标能否被顺利完成。

所谓明确就是指企业管理者制定的O必须能用具体详细的语言明确、清楚地阐述出来。在企业管理者明确O的具体内容时，必须要做到以下两个方面。

1. 将目标量化

一个可量化的目标可以有效地提高员工工作的积极性，让员工的工作更有效率。企业管理者需要将目标量化，帮助员工明确他们的工作目标。

比如，一个销售团队制定了本月销售额达到100万元的销售目标，那么，如何将整个团队的目标分解到每个员工身上？每个员工的销售额具体为多少？每个员工应如何根据自己当月的销售任务来确定每天和每周的销售计划？这些问题都是企业管理者需要帮助员工量化销售额、合理安排工作的。通过一步步分析量化，能让员工梳理清楚思路，明确OKR实施过程中的每一步。

2. 制定的目标要合理

每一个企业团队都有自己的长短板，企业管理者要根据企业各层级员工具体的工作能力制定合理的目标。如果企业管理者把目标制定得太大，会使 OKR 实施过于艰难。而如果企业管理者把目标制定得太小，就会没有挑战性，也难以激发员工工作的动力，同时还会造成企业资源的浪费。

3.2.2 Measurable：可衡量，有相关标准

除了明确以外，可衡量也是评判目标是否有效的一个特征，然而，很多企业管理者设定的目标并没有实现可衡量的标准。那么，究竟如何才能让目标变得可衡量？企业管理者需要从以下 3 个方面着手，如图 3-1 所示。

图 3-1　如何让目标变得可衡量

1. 有一组明确的数据

可衡量的目标应该有一组明确的数据，这组数据可以作为衡量目标是否已经顺利达成的依据。如果设定的目标没有办法衡量，就无法判断员工的表现究竟是怎样的。

例如，某销售团队为员工设定的目标是“本月完成 50% 的销售额”，这个目标只是一个概数，根本没有办法衡量，所以加大了对员工进行评估的难度。当该企业管理者把目标量化以后，对员工进行 OKR 评估时就变得有据可依，难度也大大降低，如表 3-1 所示。

表 3–1 某企业目标转化

维度	目标转化描述	考核依据
数量	每月召开质量协调会议一次 每周都要对重点部门进行质量巡检 × 次	会议记录 巡检记录
质量	产品质量达标率要在 × ×% 以上 质量管理体系年审复核通过	客户评议 年审记录
时间	出现任何质量问题，都必须在 × 天内解决 每月 × 日上交本月质量分析报告，报告符合要求	质量记录 分析报告
成本	质量造成的损失必须控制在 × 元以内	财务统计

如表 3-1 所示，该企业把目标从数量、质量、时间、成本几个方面进行转化，并且对每个方面的目标都进行了明确规定，使得目标的各个方面都是可衡量的。这些可衡量的目标都可以作为企业评估员工的依据。

2. 实现定量计量

目标的可衡量性要求目标必须要能够定量计量。

张鹏是一家企业的人力资源总监，他为销售人员设定的目标为“做好销售工作”。但是，该目标没有办法衡量，很难判断销售人员究竟有没有达成目标。

过了一段时间后，张鹏去问销售人员："为你们设定的目标，你们达成了吗？"他们的回答是："我们达成得非常顺利。"但是张鹏经过检验却发现销售人员的工作与自己的期望值相差甚远。

这正是张鹏与销售人员对目标达成所产生的一种分歧，原因就在于员工没有接收到一个定量的、可以衡量的目标数据。

但是，如果张鹏设定的目标是"在 5 月底完成 100 万元的销售额"，情况就会有很大的不同。因为这样的目标不仅可以衡量，而且还非常具有指导意义。

因此，要想确保目标是可衡量的，就必须为目标定量，使目标能够被计量。对于企业管理者来说，在设定目标时，应确保目标是定量的、是能够被计量的。这不仅有利于员工明确自身的工作，还可以为评估提供一个统一的、清晰的、可度量的标尺。

3. 把握 5 个要素

在制定可衡量的目标时，应该保证目标在哪些方面是可衡量的？目标的可衡量性应该从数量、质量、成本、时间、上级（或者客户）满意程度 5 个要素来进行分析。即有效的目标在数量、质量、时间、成本、上级（或者客户）满意程度方面都是可以衡量的。如果目标太大，无法从这 5 个方面来确定衡量标准，那么可以先将目标细化，然后再从这 5 个方面确定细化目标的衡量标准。

总之，无论对于员工，还是对于企业，可衡量的目标都非常重要。一方面，可衡量的目标可以为员工顺利完成工作提供指导，激发员工工作的积极性；另一方面，可衡量的目标也可以帮助企业更好地进行 OKR 评估，确保评估的公平公正。

3.2.3 Attainable：可实现，但也要有野心

严雪莹是一个服装公司的销售部门经理。该公司的月销售总量平均为 2 100 件，最高的时候也就在 2 500 件左右。严雪莹为了提高自己的业绩，在没有做任何考虑的情况下，就给销售部门制定了一个季度销售额上涨 70% 的目标。

目标一下达就引起了众多员工的不满，整个部门顿时怨声载道。到了季度末，严雪莹发现，部门的销售量不仅没有提高，甚至连平均水平都没有达到。

严雪莹制定这样的目标根本没有考虑部门以往的销售情况，完全就是为了自己的业绩制定出一个极高的目标，取得不好的结果也在意料之中。

因此，企业管理者制定出的目标应该是既能让员工的工作内容非常充实，又要符合可实现的原则。企业管理者要想制定出一个可以实现的目标，应该充分考虑各个方面的实际情况，并在此基础上多多征求员工的意见，让他们参与到制定目标的工作中来。

这里所说的可实现性目标，是指在权衡人力资源、范围、产品种类、成本等多方面因素后而得出的数据目标。这个目标必须是实际的、可以实现的，不能脱离实际而随意制定。

OKR 在制定目标的过程中非常容易出现的一个错误就是，企业管理者不仅只按照自己的意愿制定目标，还跟手下员工宣称“我不管你们的工作过程，只要目标达成就行”。这样制定目标的方式非常简单粗暴，企业管理者只看重公司效益，根本不关心员工是否有相应的完成能力。这样不仅不能激发员工的工作积极性和工作热情，反而会让他们产生负面情绪，导致其对工作产生懈怠情绪。

因此，企业管理者在制定 OKR 时，一定要在掌握话语权的基础上，对目标的合理性和可实现性进行认真分析。企业管理者需要保证目标是可实现的，可实现的目标才能够被员工接受。如果企业管理者滥用职权，制定出一个非常不切实际的目标，还要强制性让员工去完成，员工就会产生心理和行为上的抵触。后果就是员工虽然接受了这个目标，但是目标能不能完成并不能保证，而一旦没有完成这个目标，员工也会不以为意，因为从一开始他们就觉得目标根本就完成不了。

企业管理者对目标的可实现性进行分析不仅能够充分考虑员工的工作能力，还会纠正自己的思维误区。在制定目标时，有不少企业管理者对企业实际情况的估计都太过乐观。例如，高估员工能力、企业发展现状、行业市场状态等。在这种情况下，他们也十分容易制定出一个脱离实际、根本实现不了的目标。如果企业管理者对目标的可实现性进行分析后，就会避免因对企业现状过于乐观而制定出难以实现的目标。

此外，企业管理者在关注目标的可实现性时，也要表现出自己的野心。即企业管理者不能单纯为制定出一个可实现的目标而把目标设定得过于简单，而是在保证目标可实现的条件下，将目标设定得尽可能远大，使每位员工的工作都能充实。在保证目标可实现的情况下，也要保证目标的稳定增长。

3.2.4　Relevant：相关性，与战略对齐

一位酒店餐饮部门经理提出要将午餐时段的销售额在以往平均午餐销售额的基础上提升 10%。推算下来，也就是需要将总销售额提升 3 000 多元，其中的利润并不是很高。那么，为实现这个 10% 的目标，需要投入的花费有多少？结果是远远高出 3 000 元。

如果单纯为了提升午餐时段的销售额，那么这个目标并不实际，因为投入比回报明显高出很多。但如果从打造酒店知名度、吸引回头客等角度看，远高出收入的投入就是值得的。因为提升午餐时段 10% 的销售额这一目标与酒店的发展战略十分契合，能够更好地打造酒店知名度、吸引回头客，同时也让酒店处于更有利的竞争地位。

有效的目标必须具有相关性，这种相关性表现在两个方面：一方面是设定的目标必须与企业战略具有相关性；另一方面是设定的目标必须与员工具有相关性。

首先，有效的目标必须与企业战略具有相关性，即设定的目标是服务于企业总体目标的。设定的目标与企业总体目标的相关性越强，其正确性也就越高。其次，有效的目标是与员工相关联的，员工是执行计划、完成目标的主体。因此，企业管理者在设定目标时必须充分考虑员工的工作能力、工作特点等。与企业战略和员工相关度越高的目标也就越合理。

有效的目标是与战略对齐的，在 OKR 的制定中，目标是被一层层分解的，而与战略对齐的目标才能够保证目标方向的正确性，同时，与战略对齐的目标才能够确保企业战略的最终实现。

3.2.5 Time-bound：必须有时间限制

有效的目标必须有时间限制。如果目标没有时间限制，就无法对目标的完成度进行准确评估。同时，如果目标完成没有时限或时限不清晰，企业内管理者和员工对目标完成的速度就会有不同的认识，也不利于不同部门、不同流程之间的协调。

例如，一些企业会出现企业管理者对工作进度十分着急，但员工并不知情的问题，或者出现某个部门的工作期限急迫，但其他部门并没有及时配合的误会。这并不是员工或者部门的问题，而是由于目标时限设置不明确，导致企业管理者与员工和不同部门之间对目标完成时限的认知产生了分歧。

有效的目标要有准确的时间限制，目标的时间限制能够引导企业各部门、各员工合理安排自己的工作，从而提高工作效率。企业管理者在设置目标的时间限制时，可以从以下 3 个方面出发。

1. 判断不同工作的权重

企业管理者不仅要以全局目光判断各部门不同工作的权重，还要站在不同部门、不同员工的立场上，判断其所肩负的不同工作的权重。通过分析不同部门、不同员工工作的权重，企业管理者才能够合理地为不同部门、不同员工的目标设定时限。

2. 判断工作的轻重缓急

企业管理者需要判断不同工作的轻重缓急，明确哪些工作需要尽快完成，哪些工作可以顺延。目标的时限性根据工作的轻重缓急来判断也会更加合理。

3. 公布目标的时间限制

设定好目标的时间限制后，企业管理者需要将目标的时间限制公布在办公室的告示板上，或通过会议、邮件等形式提醒员工，以便让员工深刻地认识到目标时间限制的重要性。

目标必须是有时间限制的，企业管理者可以通过判断不同工作的权重和轻重缓急来合理地设定目标的时间限制。同时，企业管理者在设定目标的时间限制时，需要确保其能够与各部门、各员工的工作日程结合在一起。

不少企业出现的问题是，目标期限和企业的工作进程存在冲突。一些企业管理者在设定目标时限时，没有考虑企业的工作进程；也有一些企业管理者在安排企业工作进程时，又忽视了工作的目标时限。企业管理者在设定目标的时限时，需充分考虑企业的工作进程，两者兼顾才能避免出现冲突。

3.3 设定 O 时的注意事项

很多时候，企业中一些优秀员工在 KPI 分值达到满分的情况下，其

OKR 完成度却仅达到 50% ～ 60%，仅相当于 KPI 的及格水平。为什么会这样？当员工的 OKR 分值和 KPI 分值相差太大时，可能就是 OKR 的目标设定出了问题。企业管理者在设定 O 时，除了要把握有效的 O 具备的特征，还要注意一些设定 O 时的细节问题。

3.3.1　考虑目标与公司系统的配套性

企业管理者在设定目标时，需要考虑目标在实施过程中与公司系统的配套性。每一个目标在完成过程中都需要各层次、各子系统的协调、配合。在设定目标时，企业管理者需要考虑以下 3 个方面的配套需要。

1．目标层次间的配套性

企业管理者在设定目标时，需要考虑目标层次间的配套性。完整的各层次目标包括企业目标、部门或项目目标、员工目标，这 3 个方面目标的设定都需要企业管理者格外关注。虽然在目标设定过程中，员工的意见和建议很重要，但是企业管理者也需要在目标分解的过程中对各层级目标的设定进行监督和检查。必须保证公司整个系统目标的统一性。

2．职能目标间的配套性

企业管理者在设定目标时，需要考虑职能目标间的配套性。为完成公司总目标，企业管理者需要为各管理职能明确合理的目标。这些目标体现在经济效益、 技术进步、产品质量、团队建设、人才培养、市场占有等多个方面。为确保各职能目标间的配套性，企业管理者需要明确各管理职能目标的主要内容和权重。

3. 时间的配套性

企业管理者在设定目标时，需要考虑时间的配套性。为明确目标、保证目标顺利实现，企业管理者需要把总目标的完成过程划分成几个时间阶段，如长期目标、中期目标、短期目标等，使总目标的完成在时间上能够衔接。

总之，企业管理者在设定目标时，考虑目标与公司系统的配套性是十分必要的。企业管理者在设定目标时，需要考虑公司各层次、各职能部门间目标的配套性，同时，在为总目标划分时间段时，也要考虑不同时间段的配套性。

3.3.2 目标要具有挑战性

为了更好地激发员工工作的积极性，OKR 的目标需要具有挑战性。挑战性目标表现在以下 3 个方面。

1. 愿景与目标

愿景是对企业未来预期目标的描绘，OKR 拉近了企业与愿景间的距离。如企业目标可以是“研发出一款在行业内有影响力的产品”，或“本季度销售额提升 80%”。OKR 的目标是有野心的、让人感到焦虑又兴奋的。

2. 定性与定量

OKR 的目标不一定全是量化的。在 OKR 中，对于企业目标来说，由于其与企业愿景更接近，企业管理者可以用定性的语言来描述企业目标。

而对于部门目标和员工目标来说，由于其来自对上级目标的承接和分解，更需要被定量。

3. 目标的传承和分解

下一级的目标可以来自上一级的目标或上一级的关键结果。在目标的承接和分解中，同样可以体现出目标的挑战性。

（1）来源于上一级的目标：如上一级的目标为“本季度销售额提升 80%”，下一级的目标可以分解为“本季度 A 地区的销售额提升 100%”。在对上一级目标进行分解时，可以在对上一级目标进行分解的基础上增强目标的挑战性。

（2）来源于上一级的关键结果：如为了达成“研发出一款在行业内有影响力的产品”的目标，上一级设定了“产品新用户在一个月后的留存率不低于 50%”的关键结果。研发部门可以据此分解上一级的关键结果，设定目标为“每月进行不少于一次的重大更新”。

OKR 的目标是具有挑战性的，企业目标是依据企业愿景而定的，是有野心的。在描述企业目标时，为表现其挑战性，企业目标可以是不定量的，但需要企业管理者对其进行定性。同时，在目标承接与分解的过程中，目标的挑战性因素也是存在的。

3.3.3 切忌只自上而下设定目标

在传统的企业管理中，企业管理者在设定各层级的目标时，多采取自上而下的方法设定目标。在目标设定过程中，企业管理者是唯一大脑，员工只需要按照企业管理者的指令去执行操作。员工不会参与目标的设定，对于员工而言，唯一重要的事情就是提升自己的执行力。

实施 OKR 时有一个非常重要的目的就是激发员工的创造性，因此除了自上而下的目标设定方式，OKR 也强调在设定目标时必须通过自下而上的方式显示出员工的建议和诉求。例如，谷歌 60% 的个人 OKR 都是员工自己制定的。如果员工拥有设定目标的自主性，那么，员工就可以在目标的设定中贡献自己的智慧。

如果员工自己设定目标，如何保证员工目标和企业目标的一致性？解决这个问题并不难。

首先，每个部门中都存在一些明确的 OKR，这部分 OKR 是直接承接企业目标的、部门必须完成的 OKR。

其次，员工个人 OKR 的制定是建立在部门员工充分沟通的基础之上的。在个人 OKR 制定的过程中，部门成员会一起讨论制定部门的部分 OKR，然后每个员工再对整体的部门 OKR 进行分析，分析自己能够做的工作，以此制定出个人 OKR。

这种自下而上制定目标的模式充分发挥了员工的自主性，增强了员工对结果的责任心，有助于其在工作中发挥自己的主动性，激发自己的创造性。同时，员工参与到设定目标的过程中能够使员工更容易对目标达成共识。有利于 OKR 实施过程中员工间的充分沟通与高效协作。

3.3.4 切忌一味追求大而全

大而全的目标能够为企业的发展指明方向，许多企业为促进自身的全面发展，会设定一些大而全的目标。但是大而全的目标并不适合所有的企业，因为大而全的目标完成起来十分有难度，对于企业管理、企业的资源和协作能力都会提出更高的要求。因此，对于一些初创型公司或者处于发展转型期的公司来说，并不适合设定大而全的目标。

大而全的企业目标在实现过程中容易产生很多问题，具体内容如图 3-2 所示。

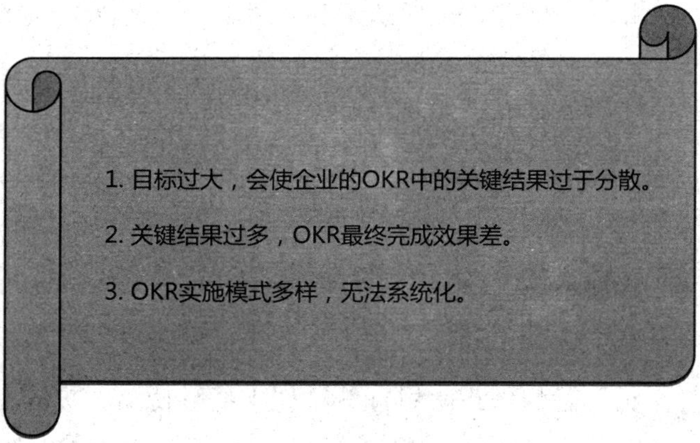

图 3-2 大而全的企业目标容易产生的问题

首先，过大的目标势必会分解为更多的关键结果，这会使得关键结果过于分散，大大降低 OKR 完成的效率。

许多发展成熟的大型企业会设定大而全的目标，是由于其具有完善的企业结构和丰富的资源，企业可以将目标分解到各个业务部门再纵向分解到各层级，通过细化分工来提高 OKR 完成的效率。

但对于小型企业而言，它们的资源有限，根本无法同时兼顾多个部门的工作，这就会导致在 OKR 的实施过程中人力、物力在各种项目工作中不能细化，有时可能需要一人身兼多职。人力、物力资源的缺乏会导致 OKR 的完成效率低，工作质量也不能得到保证。

其次，关键结果过多，OKR 最终完成效果差。

大而全的目标会导致关键结果过多，这些过多的关键结果会分散企业的资金和人力、物力等资源，可能会使得一些关键结果得不到充分的资金和资源的支持，从而导致 OKR 完成效果差。

同时，关键结果过多，企业管理者在设定 OKR 时也难以保证关键结果的方向，可能会有一些与企业目标关联度并不大或者与企业目标方向并不十分吻合的关键目标混入其中。这样的关键结果在执行的过程中，会扰乱员工工作的方向，最终导致 OKR 完成效果差。

最后，OKR 实施模式多样，无法系统化。

大而全的企业目标会产生多样的实施模式，不同的模式在实施过程中，其需要的企业职能部门也会不同。

假如企业还不具备一个完善的组织结构，在实施大而全的目标时，过于繁杂的 OKR 模式会使得企业管理者对 OKR 的管理十分困难，甚至还会造成企业管理的混乱。

总之，如果企业在现阶段还没有能力实现大而全的目标就不要一味地去追求目标的大而全。对处于发展初期的企业来说，建立小而精的目标才会更好地集中各方资源，打造企业的优势。

第 4 章

Key Results：OKR 中“KR”的设定

KR 阐述的是“为了完成这个目标要做什么”，即主要通过一些量化的关键成果指标去确认是否已经完成了这个目标。企业管理者在设定关键成果时要学会量化，这就需要企业管理者掌握关键成果量化的 7 种类型。在设定关键成果时，有三大误区需要企业管理者避免，同时，要想设定出科学合理的关键成果，企业管理者也要掌握一定的方法与技巧。

4.1 KR 量化的 7 种类型

在明确了企业各层级的目标之后，企业管理者接下来要做的就是根据明确的目标来量化具体的关键成果。在量化关键成果时，有 7 种类型可供企业管理者选择。企业管理者可根据企业发展现状来分析选择合适自己的量化 KR 的类型。

4.1.1 基准线型：从 0 到 1 的过程

北京一家餐饮公司想要提升顾客对于菜品的满意度，但该公司并没有建立完善的顾客满意度评价方式，这一指标也就无法量化。所以，此时公司的 KR 首先就被设定为“建立菜品的满意度标准”。

在此基础上还可以建立其他的 KR：

（1）建立菜品满意度衡量标准；

（2）建立菜品质量衡量标准；

（3）建立餐厅净推荐指数的新算法。

这就是典型的基准线型 KR 的量化，制定这种类型的 KR 是为了得到初始的指标值，以便将此作为以后的参考数值。基准线型 KR 的量化是一个从 0 到 1 的过程。

基准线型“KR”量化要求企业管理者在设定关键成果的过程中先找出影响某一关键成果的核心因素，然后再整合这些影响因素做出一套相应的体系，在下一个 OKR 制定时，就可以在此基础上做出一份改善型数据。

在上述问题解决后，该餐饮公司的人力资源部也设定了关键成果的量化指标。在设定关键成果之前，人力资源部收集了以下相关数据。

1. 现阶段员工的构成有多少是通过内部晋升的？其所占比例是多少？

假如企业目前的管理层有 30% 的员工是由内部晋升获得的，70% 的员工由对外招聘完成。人力资源管理部就可以针对这一内容，设定“KR”为在下一季度将内部晋升的比例提升 15%。

2. 企业每年退休的员工比例是多少？

假如在年末有 15% 的企业员工将退休，超过 20% 的企业员工将在两年内退休，超过 25% 的企业员工将在 3 年内退休，那么，该企业人力资源管理部就知道准备和招聘新人的时间周期是多少。人力资源部可以将退休比例的 30% 作为基线数据，以此来避免面临企业职位高空缺的风险。

3. 整个企业员工的流失率是多少？

人力资源部需要对企业人力资源进行盘点，识别潜在的高质量企业员工。把高端人才保留率与企业的整体员工保留率做一个对比，以保证高端人才的保留率保持在较高水平。获得这一基线数据对于实施人才激励项目和为企业保留高端人才等工作起着非常重要的作用。

例如，公司业绩优秀人才保留率为 80%，企业内部整体的员工保留率为 60%。即优秀人才流失率为 20%，整体员工流失率为 40%。优秀人才流失率明显低于整体员工流失率，说明公司竞争力比较强。

总之，在 KR 的量化环节中，需要企业管理者明确 OKR 的成果评估指标以及关于 OKR 的基线数据，为所进行的项目和成本节约提供依据。企业有一个明确的 KR 量化指标，能完善从 0 到 1 的过程。

4.1.2 正向增长型：以数值的增加为基础

深圳一家卫浴用品公司想要制定新一季度的 OKR，目标是提升整个企业的销售业绩。经过企业管理层研究，决定把第一季度的 KR 设定为：

（1）广告投放增加 10%；

（2）产品订单增长 30%；

（3）新客户增长 50%；

（4）明星产品的销售量增加 50%。

这种正向增长型的 KR 将公司的任务规定得十分明确。正向增长型 KR 是一种较为成熟的指标体系，它以指标数值的增加为基础，即“这一次要比上一次更好”。

这里需要注意的是，以数值的增长为基础量化的关键成果指标是没有问题的。但是，很多企业管理者认为关键结果的最终数据呈现增长状态就已经达到了实施 OKR 的目的，但其实员工在工作中的一切状态不一定都反映在这些量化 KR 上，许多企业管理者都忽略了企业员工在团队中的协作能力、自身适应程度等因素。因此，企业管理者需要把员工的 OKR 放到组织中去分析，而不是仅凭简单地增加数值就为每位员工的 OKR 定性。

假如企业管理者只重数据而轻过程，很可能会忽略外力的影响而得出错误的结论。如果一位有潜力的员工因个人原因影响了 OKR 的进度，这时个人工作数据可能反映的是“他不适合这项工作”而不是“他可能遇到了某些问题”，这就体现出数据的片面性。

因此，企业管理者在进行关键成果量化的同时，不但要从项目场景、员工工作成果、工作效率等方面来观测数据的增长成果，也要从非量化性关键成果的内容入手深入了解项目调研、资源配置等内容。

总之，企业管理者在以数值增长与否作为基础量化关键成果时，关键成果数据的增长状态固然能够表明员工的工作能力，但当关键成果的进展出现问题时，却不一定代表员工的工作能力有问题，因为外部因素对关键成果的进展也有很大的影响。

4.1.3 反向控制型：对错误的容忍程度

北京一家保险类企业是这样设定 KR 的：

（1）流失客户率控制在 15% 以内；

（2）财务报表错误率控制在 4 个之内；

（3）客户投诉控制在 5% 以内。

这种关键成果的量化类型可以归为反向控制型。反向控制型量化指标的目的是逆向规避风险。反向控制型量化指标要求在实施 OKR 的过程中，某一错误不能超过某一具体限度。

在量化反向控制型关键成果前，企业管理者应该思考以下问题：影响员工完成 OKR 的因素有哪些？其中哪些是必然因素，哪些是不良因素？如果 OKR 在规定时间内未实现，是否只是员工的懈怠或错误导致的？

实际上，影响企业各层级员工完成 OKR 的因素主要有两个：一是个人因素，包括个人的能力水平、经验积累、敬业精神等；二是系统因素，主要是工作中的不可控制的要素。比如，工作流程出现错误、产品设计不合理、资源匮乏、客户违约等，这些都属于外部因素。因此，企业管理者在对关键成果进行量化时可以根据这两大因素设定反向控制型量化关键成果。

在企业管理者反向控制量化关键成果的过程中，所设定的关键成果一定要有针对性。企业管理者需要根据员工此前的工作找出存在的问题，并根据这些问题来明确每项关键成果的内容。

在 OKR 实施过程中，大方向的偏差往往是由细节把握不准确造成的，每一项工作差一点，最终就会离总目标越来越远。为避免出现这些错误，企业管理者可以设定详细的反向控制型关键成果，反向控制型关键成果越详细，越能指向当下的工作。如此一来，企业的战略性目标会越来越有聚焦度，各层级的 OKR 完成度也会越高。

这里也需要注意，反向控制型关键成果阐述的是企业对某一错误的容忍程度，因此企业管理者需要对错误的负面影响有正确的评估。OKR 是对公司、部门以及员工的一种指导，引导大家朝着一致认同的大目标前行。OKR 在实施过程中由于受多方面因素的影响，反向控制关键成果的设定可能并不是非常正确。企业管理者对此应清楚认识。

总之，从工作要求上做出一定的错误容忍度设定，也是 OKR 的量化管理的体现。只有避免一些关于工作中的错误，才能将 OKR 完成得更有质量。

设定反向控制型关键成果，往往是先设定管理者层面和项目层面的关键成果后，再设定企业内部流程层面以及各层级员工个人的关键成果。这样的顺序有利于企业管理者抓住 OKR 的主要矛盾以及矛盾的主要方面，以便更有针对性地解决好与关键成果密切相关的容易出错的问题。

设定了反向控制型 KR 后，企业管理者再从管理者内部流程入手，能够更好地优化工作和提高工作效率，顺应了先有目标再有行动的逻辑顺序，能够避免出现盲目蛮干的错误做法。

4.1.4　趣味激励型：描述目标实现的场景

市场营销专业的程梦丽毕业后进入一家智能机器人公司做销售人员。在同学聚会时，老同学向她抱怨说道：“我们公司的绩效考核非常严苛，领导从来不给我们笑脸看，感觉精神压力好大。”还问起程梦丽公司的情况。

程梦丽介绍说，她所在的公司工作氛围比较轻松，公司为所有人都设定了 OKR，她印象最深刻的就是她们公司的激励型 KR。

比如，部门经理的关键成果就是“让我家（企业员工）50% 的小可爱们每个月工资都能破万”。这样的激励型关键成果很容易使人产生好好工作的动力。

程梦丽的 OKR 是这样的：

（1）把你遇到的销售困难像扫地一样扫走吧！

（2）和客户一起排排坐，大家变成好朋友！

（3）像广告明星那样展示产品吧！

不难发现，趣味激励型关键成果能够描述目标实现的场景，是非常有温度的，能够反映企业文化。设定趣味激励型关键成果可以激励员工更好、更积极地完成工作。

一般情况下，企业管理者为了实现企业营业额上涨的目标，都会直接客观地阐述关键成果。但是趣味激励型 KR 就不一样了，趣味激励型 KR 可以在很大程度上改变原本很严肃的工作氛围，为员工增添一些乐趣。趣味激励型 KR 的魅力并非来自 KR 本身，而是来自这种类型的 KR 所带来的整体体验。

从这个角度来看，趣味激励型 KR 并不要求 KR 必须以趣味形式去体现，而是 KR 具备趣味性要素即可。只要能够达到引导员工在 KR 执行的过程中感受到乐趣和成就感，那就达到目的了。

另外，企业管理者还要考虑所设计的 KR 是否可以完成。设定趣味激励型 KR 最麻烦的一点就是 KR 看起来非常简单，但执行起来却很有难度。

例如，趣味激励型 KR 首先考虑的不是这样做的时间成本是多少，而是能否更好地完成 KR。

趣味激励型 KR 设定的意义在于它给员工描绘了一种愿景，同时也结合了企业自身的价值观和执行战略，既能激励员工积极地满足自我需求，又能充分体现企业的价值观。这种描述目标实现场景的趣味激励型关键成果可以使员工在 OKR 实施过程中保持活力和信心，有利于 OKR 更有质量地完成。

4.1.5　数量区间型：划定可接受范围

一家刚刚创办的知识付费平台为了提高粉丝转化率，希望推广专员每个月能将粉丝的转化率提高到 60%。但是推广专员除了提高粉丝转化率，每天还要安排时间去组织社群活动及线下推广。在这种情况下，要保证粉丝转化率达到 60%，推广专员的工作量势必会超负荷。

考虑推广专员的工作量，该知识付费平台专门设定了数量区间型“KR”，即每个月的粉丝转化率维持在 45% ～ 60%。由于明确了关键成果的可接受范围的最大值和最小值，推广专员执行起来也更具灵活性。

类似的同类型的关键成果还可以有：

（1）社群管理人员的每周工作时间在 30 ～ 45 小时；

（2）企业员工的离职率控制在 3% ～ 5%；

（3）包装成本占总成本支出的比率控制在 8% ～ 10%。

数量区间型 KR 也可以称为实绩成果区间记录法，其主要根据对各种项目、工作记录和其他记录的统计来收集反馈资料，并依据收集到的信息设定员工的 KR，为员工划定某一具体工作项目可接受的任务量范围。数量区间型 KR 也划定了企业员工工作成果的限定值。数量区间型关键成果的特点是它可以划定企业对于某一目标的可接受范围，区间可以显示可接受的目标的最小值到最大值。

上海一塑料加工厂为车间工人设定了数量区间型关键成果。该塑料加工车间共分为 3 个区域，其中一块区域为塑料切割区，属于整个加工工艺中比较重要的部分。待切割塑料产品经过塑料切割工序时，工人虽然只需要按照仪器操作要求进行切割，但加工厂对产品切割的准确度要求较高。于是该加工厂在具体的量化考核中，设定了以下 3 个方面的数量区间型关键成果，如图 4-1 所示。

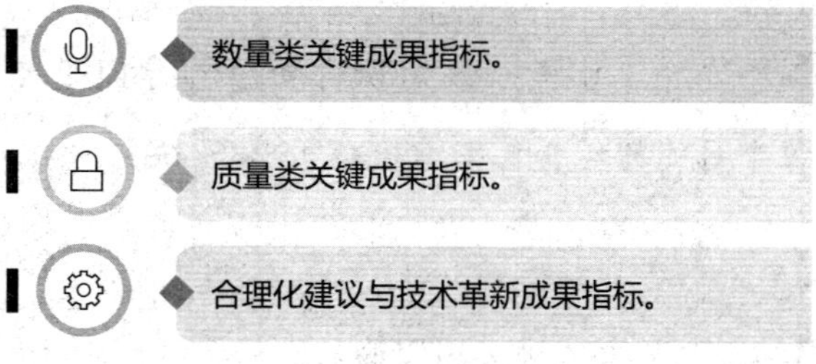

图 4-1　数量区间型关键成果的内容

1. 数量类关键成果指标

数量类关键成果指标以关键成果量化规定的塑料切割工人每个工作日要完成固定的、有效的合格产品的数量为标准。同时，不合格的产品也要列入 OKR 记录。

另外，在数量类关键成果中还需要统计完成总工时、平均完成日工时、定额完成率或定额超额率等。

2. 质量类关键成果指标

塑料切割产品的质量是关键。为保证公平性，在待切割的塑料产品被切割前，已有质检人员对待切割产品进行过检验，所以，到达切割工人手中的待切割产品都是合格的。

产品合格率是质量类 KR 指标的重要内容，还有优质品率、废品率、返修率等。

3. 合理化建议与技术革新成果指标

在量化 KR 时，该加工厂将工人提出的合理化建议与技术革新成果也纳入其中，对塑料切割工人提出的合理化建议和技术革新成果等也建立了相应的数量区间型 KR。

该塑料加工工厂在以上 3 个方面为塑料切割工人设定了数量区间型关键成果指标。该案例表明，数量区间型 KR 主要适用于工作任务明确、稳定且成果能够用量化形式来表示的工作岗位。采用数量区间型关键成果时，企业管理者要注意记录与 OKR 有关的员工的关键成果，全面反映员工的工作实绩，从而划定可接受范围内的关键成果。

设定数量区间型关键成果方法相对简单，所以，其比较适合流程规范、考核方式方便的工作程序或内容。关键成果指标被执行的情况能够直接反映员工的工作成果。

4.1.6 里程碑型：不强调绝对的量化

浙江一家公司出售的音响是行业内的明星产品，销量非常高。另外，该公司还以出租音响为主要业务。由于公司在行业中长期处于垄断地位，导致该公司在近年的竞争中逐渐缺少了提高音响质量和性能的原动力。

出租音响和提供音响服务是该公司的主要利润增长点。同时，该公司还建立了完善的售后服务体系，售后服务站遍布全国各地。当音响出现故障时，客户可以就近在各地的维修服务站维修音响，十分方便。该公司凭借自身在产品及售后方面的优势，公司盈利始终遥遥领先。

为了保持这种优势，该公司制定的战略目标为要以行业内领跑者的身份继续占据优势地位，同时将 KR 设定为“生产更多的音响”“减少客户等待修理机器故障的时间”。

通过上述案例可以看出，为了设置公司的里程碑型关键成果，提高企业员工的工作效率，该公司并没有强调绝对的关键成果量化。那么，企业管理者应如何设定里程碑型关键成果？

企业管理者应在设定里程碑型关键成果时首先了解企业的战略目标，企业的战略目标是影响关键成果设定的重要因素。企业追求的目标究竟是年销售业绩的增长，还是新产品的市场开拓？是公司资金实力的积累，还是员工福利的完善？这些目标与企业设定里程碑型 KR 有着密切关系。

在设定里程碑型关键成果时，企业管理者还可以将其分解为策略型关键成果，定义出从 0 到 1 的关键节点。里程碑型关键成果可理解为是目标完成过程中的关键点，该类型关键成果并不要求指标的绝对量化。

企业管理者在设定里程碑型 KR 时还需要注意两个方面的内容：一方面，企业管理者在设定以盈利为目标的关键成果时，要既能表现出公司过去取得的关键成果，也要为公司指出未来的发展方向；另一方面，公司在优势业务上赢得短期利润不是难事，但从战略发展的角度看，企业管理者在设定里程碑型关键成果时，还应对潜在的风险进行有效评估。

比如，同行竞争对手是否能够动摇本公司在行业内的领先地位？同行竞争对手的发展优势有哪些？本公司能够与同行竞争对手拉开差距的优势体现在哪里？这也是企业管理者在制定里程碑型 KR 时需要考虑的因素。

里程碑型关键成果从整体上阐述了公司前进的目标，表示的是里程碑式的关键结果。里程碑型关键成果还可以进一步拆分，即通过细化和量化里程碑型关键成果来使 KR 更好地被执行。

4.1.7 过程策略型：重视关键策略的数量

一家企业的研发部门将 KR 定为“将用户体验满意程度提高到 80% 以上”。这里设定 KR 的关键策略就是围绕用户体验环节展开的，评估出哪一项指标影响了用户满意度，即“分析用户体验环节，评估影响用户满意度的指标”。

过程策略其实就是一种数量定义，用来评估目标完成过程中所运用的关键策略。诸如此类的关键策略还可以这样制定：

（1）阐述用户使用规律，建立用户使用规律分布图，并用新用户加以验证。

（2）找出影响用户体验的关键因素有哪些。

过程策略型关键成果是通过企业各层级针对自身目标所设定的关键成果，并对其进行评估的一种量化方法，主要用来评估关键策略。

过程策略型关键成果以评估的成果为依据判断该关键成果的完成进度和质量，进一步确定企业及企业各层级员工的创造才能有没有提升。

过程策略型关键成果一般情况下适合那些具体的、能够让企业总结出规律的工作项目，比如用户使用产品满意度、网站点击量提升与产品升级优化等。这些工作内容既是企业的进步成果，也直接反映了企业内部的执行决策。

在设定过程策略型关键成果前，企业管理者可以先整理出一份总结报告。总结报告需要包括企业各层级员工的 OKR 完成情况、完成 OKR 过程中所应用的策略及具体的实施过程、关键策略的价值和存在的问题等。这份总结报告要包含企业各层级员工 OKR 的实施过程和细节，总结报告越具体，企业管理者在进行 KR 过程策略型量化时就越能根据报告客观而准确地选择出关键策略。

过程策略型 KR 重视关键策略的数量，通过过程策略来量化 KR 是由不同的工作内容决定的，如在分析用户体验方面，即可设定过程策略型 KR，即“找出影响用户体验的核心指标”。对于无法用具体数据来量化的 KR，分析关键策略的数量也是量化关键成果的一种选择。

所以，在量化 KR 时，企业管理者要根据员工的具体工作内容来选择相应的量化类型。同时，企业管理者也要综合考虑企业的发展阶段、战略目标、员工的工作成果等影响因素。

4.2　设定 KR 容易进入的两个误区

了解了关键成果量化的类型之后，企业管理者也不能盲目地开始行动。在设定关键成果之前，企业管理者必须要了解设定 KR 的误区。在设定“KR”的过程中，企业管理者往往会出现两大误区，分别是长效误区和终局误区。

4.2.1　长效误区：变动过于缓慢

长效误区是指企业管理者设定的关键成果变动过于缓慢，尽管它有衡量价值，但是这种衡量价值需要在很长时间后才能够体现出来。这种变动缓慢的 KR 在大多数情况下无法对企业 OKR 的实施产生直接有效的指导作用。

例如，一家初创公司的管理者打算在公司内施行 OKR，于是设定了“提升企业整体业务水平”的关键成果。

但是由于该公司还处于起步阶段，各方面的业务还不成熟，发展模式还不完善，因此，对于公司员工来说，提升企业整体业务水平不可能马上办到。但是既然公司管理者制定了这样的关键成果，员工也不得不硬着头皮干。

为了提升企业整体业务水平，员工只能放弃发展公司的突出优势，从公司业务中的劣势部分入手，先提高公司业务中的劣势部分，使各个部分发展比较均衡之后再整体提高公司的业务水平。

受企业资金、资源及员工各方面能力的限制，先提高劣势部分就已经让员工疲惫不堪，更不要说整体提高公司的业务水平了。最后，该管理者在总结时发现，公司的业务水平不但没有上升，反而下降了。

事实上，类似于“提升企业整体业务水平”这样的关键成果指标很难帮助企业突破瓶颈，无法满足企业快速发展的需求。假如企业管理者设定这种长时间才能完成的关键成果，很难让员工抓住当前工作的重点，并且员工也会对关键成果执行的流程感到迷茫，即使员工在工作中投入大量的时间和精力也难以完成关键成果。

同时，企业管理者可以通过目标的完成情况来检验员工的工作，并可据此对员工进行有针对性的指导。但是这种长效的关键成果由于其完成的时间较长，企业管理者难以通过关键成果完成情况来分析员工的工作，自然也无法对员工的工作做出有效的指导。在这种情况下，员工的工作很可能会脱离正确的轨道，而企业管理者无法及时纠正员工工作中的错误，这会对企业的发展造成严重影响。

4.2.2 终局误区：急于得到最后结果

如果企业管理者在设定 KR 时急于求成，就会容易陷入终局误区，即给 KR 扣上“终局性”的帽子。

某电商公司以“本月总销售额达到200万元”为目标（O），据此设定出公司每个销售团队需要完成的销售额，并将销售额任务细化到每一位员工的身上。公司管理者在设定关键成果（KR）时，详细设定了每位员工每周、每月需要达到的销售额，除了销售额外，关键成果里并未包含其他内容。

在设定关键成果时，由于公司管理者将过多的关注力放在销售额上，销售人员为了实现关键成果，也将工作重心由“将商品卖给消费者”转移至“将商品卖给经销商”。在销售额KR的诱导下，销售人员将工作重心转移，由正常的销售转移到渠道压货。这使得员工的工作方向产生了偏差。

如果销售人员过多地通过向经销商销售商品来完成当月的关键成果（KR），如下例，实际上并不会对销售增长有任何帮助。假如按照平常的进货量，经销商每月只需要进购2 000件商品，但在销售人员的推销下，经销商在当月多进购了1 000件商品。这样一来，销售人员当月的销售额达成了，但是由于经销商本月多进购了商品，下个月经销商的商品进购量将会小于2 000件。

销售人员只是让经销商的进购由下个月提前到了这个月，表面上看是完成了当月的关键成果（KR），但实际上销售人员只是玩了一场“虚假销售”的游戏，这对公司的发展来说没有任何好处。电商企业需要的销售额是实实在在的由消费者消费带来的销售额，而不是积压在经销商手中，将商品销售给消费者才能完成整个销售过程，而将商品销售给经销商只是完成了商品向销售渠道的转移，并没有形成实际的销售额。

以上案例就表明了企业管理者在设定关键成果（KR）时陷入终局误区所造成的不良后果。如果企业管理者在设定关键成果（KR）时急于得到最后结果，也会使得员工在执行时过于重视结果而轻视过程。这时员工可能会为了达到结果而采用一些不恰当的工作方式，最终会影响公司的正常发展。

4.3 如何设定科学合理的 KR

为了防止在关键成果（KR）设定中陷入误区，企业管理者必须要知道怎样才能设定科学合理的 KR。

首先，企业管理者要抓住少数关键成果，尽量精简 KR 的数量。

其次，企业管理者要明确关键成果的设定是为了描述结果，而不是复制企业任务。

最后，在设定 KR 的过程中，企业管理者要在 KR 实施的每一个环节确定一个负责人，以便确保关键成果（KR）被更好地执行。

4.3.1 抓住少数关键结果，尽量精简

针对一个明确的目标，其分解出来的关键成果（KR）不需要很多，过多的关键成果反而会模糊工作的重点。如果两个关键成果之间有很大的相关性，或者一个关键成果（KR）比另一个关键成果（KR）重要得多，这时企业管理者就可以对这样的关键成果（KR）进行分析、比较，留下

更重要的一个。

比如，一个化妆品公司设定的目标是提高用户的黏性，根据这个目标设定的关键成果（KR）有用户平均每周使用的次数，也有用户平均每月使用的次数。在分析这两个关键成果（KR）时，企业管理者就可以明确哪项关键成果（KR）对于提升用户黏性更重要，然后留下两者中的一个。

同时，精简不代表只剩一个关键成果（KR），企业的目标是需要关键成果（KR）之间相互制约并互为补充，只有这样才能更好地验证效果。

某品牌的目标为“让粉丝流量变现成为产品的主要收支来源”。那么，此时企业管理者可以设定关键成果（KR）为“粉丝转化率大于 50%”，另外还可以再设定一个“粉丝量增加 50%”的关键成果（KR）。后者为前者提供支撑，能够更好地实现品牌目标。

精简 KR 的关键在要聚焦于最关键的结果，精简 KR 能够使企业的人力及资源更好地集中起来，以便能够顺利地完成目标。同时，精简的 KR 具有更强的指向性，确保了员工工作方向的正确性。

4.3.2 描述结果，而不是任务

很多企业管理者在设定关键成果（KR）的过程中，经常会跳过关键成果，直接将关键成果（KR）设定为某项具体任务，这是不合理的。

张志勇是一名客服经理，他将自己的关键成果（KR）设定为“本月向 20 名用户发送反馈邮件”。张志勇设定的这一关键成果（KR）其实是在描述他自己的工作任务。关键成果（KR）强调的是结果而非任务，向

用户发送反馈邮件的目的是什么？可能是通过调查用户反馈来获得用户满意度或通过用户反馈分析产品的问题。那么，“本月将用户满意度由90% 提升至 95%”就是一个描述结果的关键成果（KR）。

在分解关键成果（KR）时，企业管理者常常越过关键结果，直接描述具体的任务，这种设定是不合理的。这种情况并不是不能存在，而是这种设定的方式存在较多的不确定因素，因为任务的完成可能会直接导致关键成果（KR）的实现，也可能不会实现。对于一些时间周期较长的目标，在设定 KR 时就不能只描述任务，因为任务需要时间去验证结果。

企业管理者的目的是找出影响目标的关键成果（KR），而不是罗列一个任务清单。任务通常指那些能在短期内就能完成的工作，它不能成为一个关键成果（KR）。“给用户发一封邮件”或“会见新的销售经理”是任务而非关键成果（KR），而“本月销售额同比增长 20%”就是一个关键成果（KR）。

要区分自己描述的是任务还是关键成果（KR），企业管理者需要看自己使用了哪些动词，如果企业管理者使用了“帮助”“辅助”等词，那么企业管理者描述的就是任务而非 KR。这时，企业管理者需要思考这些问题：“为什么要‘帮助’‘辅助’？这样做的目的是什么？”通过对任务进一步的思考，企业管理者就可以从任务的结果方面来描述 KR。

4.3.3 考虑所有的可能性

当企业管理者在设定一个目标（O）的关键成果（KR）时，可能有一些看似非常合理的备选项。如果仅仅因为感觉关键成果（KR）合理，就不再做进一步的分析而确定下来，企业管理者就可能会因自己认知的偏差而设定出有偏差的关键成果（KR）。

某快餐连锁企业的管理者想要提高客户满意度并提升企业的盈利能力。由于缺乏数据支撑，该企业管理者主观地认为员工流失率是影响客户满意度的重要因素。因此，该企业管理者把降低员工流失率作为一个关键结果，投入了大量资金成本来降低员工的离职率。

然而，经过一段时间的调整后，该企业管理者惊讶地发现，一些离职率高的店面的利润率和客户满意度都是较高的，而一些流失率比较低的店面的利润率和客户满意度却不太理想。

关键成果（KR）描述的是关键结果，这种关键结果是通过分析对比选择出来的。企业管理者必须充分考虑所有的可能性，在众多可执行的关键成果（KR）中选出最优的几个。因此，企业管理者在设定关键成果（KR）时，不可以因为一个关键成果（KR）看似合理就草草确定，即使是发现了合理的关键成果（KR），企业管理者也需要对其他关键成果（KR）进行分析，从中对比出最合理的几个。

因此，企业管理者在设定关键成果（KR）时，必须在明确目标的基础上考虑到所有的关键成果，然后通过分析每个关键成果对于目标的聚焦度来分析这些关键成果，从中挑选出最能聚焦的目标，和最能推动目标实现的关键成果。只有在设定关键成果时考虑到了所有的可能性，企业管理者才能够做到不遗漏，才能保证最终关键成果的精准性。

4.3.4 量化、细化、流程化

在设定关键成果（KR）时，企业管理者要把握关键成果量化、细化、流程化的原则，即能量化的要量化、不能量化的要细化、不能细化的要流程化。量化、细化和流程化是确保关键成果能够顺利执行的关键因素。

1. 能量化的要量化

量化能够确定工作的标准，能够将抽象的工作变具体，能够对工作进行精确的定量。企业管理者在设定关键成果时，对于能够量化的关键成果，一定要尽量量化，量化的关键成果对员工更具指导意义。

2. 不能量化的要细化

细化是将关键成果（KR）进行分解，明确关键成果应完成到什么程度、达到什么标准。对于不能量化的关键成果，企业管理者要对其进行细化，细化也能够确定标准，有利于关键成果（KR）的落实。

3. 不能细化的要流程化

职能部门的工作比较单一，往往会长期地进行一项工作。这种工作用量化、细化的方法都无法准确衡量其价值，如会计、培训人员的工作等。对于这种工作，企业管理者可以采用流程化的方法把工作进行流程化分类，通过流程确定关键成果。对于每个流程，企业管理者都可以从多个方面来衡量、分析，以此确定具体的关键成果。

科学合理的关键成果（KR）是清晰明确的。为了确保关键成果的清晰性，企业管理者需要通过量化、细化、流程化等方式对关键成果进行定量或定性。一些部门的工作可能难以设定量化的关键成果，对于这种情况企业管理者也不能忽视，依然要通过细化和流程化的方式来设定。

4.3.5 必须要有专门的负责人

孟子涵是一家电器公司的总经理。在公司引进 OKR 管理体系一年以后，孟子涵觉得实施 OKR 的成效甚微。此前，在公司引进 OKR 之初，孟子涵十分看好 OKR。在实施 OKR 的过程中，孟子涵也十分重视对员工工作的监督，自己的工作量也比往常增加了很多，但是 OKR 的完成效果却远不及预期。

孟子涵对此感到十分不解，于是他参加了 OKR 的相关培训，系统学习了 OKR 管理的相关知识。在经过一段时间的学习和反思后，孟子涵终于明白公司实施 OKR 失败的根本原因在于自己管理的失误。

由于公司里了解 OKR 的人不多，因此孟子涵在 OKR 实施的过程中并未指定专门的负责人，而是由自己全权负责管理。这样一来，不仅自己的工作任务加重了，各部门、各环节的工作也没有被很好地管理。

社会心理学中有一个现象被称为旁观者效应，是指如果多人共同负责一件事时，每个人承担责任的意愿就会降低。例如，3 个人共同负责一个项目，当项目出现问题时没有人会主动解决问题，因为这 3 个人中的每个人都会觉得其他人会这么做。

如果 KR 没有确定专门的负责人，没有人对结果负责，那么人们也不会对这个 KR 采取行动。KR 负责人除了对 KR 最终结果负责外，还要汇总 KR 信息，负责在 KR 实施中对 KR 进行跟进和更新。

在企业管理者设立 KR 的过程中，必须要为各部门、各环节指定专门的负责人。企业管理者可以委派负责人，也可以鼓励员工自发担当。

各部门、各环节负责人的明确有利于 OKR 的顺利实施。负责人的设立不仅能够减轻企业管理者的工作，同时，负责人的明确也省去了 OKR 实施过程中众多的需要上报企业管理者的环节，使 OKR 的实施更加流畅，提高了 OKR 运行的效率。另外，负责人能够更加方便地对自己所负责的工作进行检查，能够更加及时地发现工作中的问题并及时解决。

为了推动 OKR 工作的顺利进行，各部门、各环节的负责人之间也要加强交流沟通。在关键成果（KR）被执行的过程中，各部门间的合作十分重要，各种资源在企业范围内的流动，能够提高 OKR 的运行效率。

第5章 有了OKR，怎样才能顺利实施

在设定了企业各层级的 OKR 之后，接下来要实施 OKR 了。企业管理者学会如何设定 OKR 是实施 OKR 的前提，在设定好 OKR 后，企业管理者还要学习顺利实施 OKR 的方法。

OKR 在实施过程中有 4 个关键点，这是必须要引起企业管理者重视的。同时，为保证 OKR 的顺利实施，企业管理者还要进行一系列的准备工作。此外，企业管理者也需要充分借助工具的力量来推动 OKR 的顺利实施。

5.1 周期与时间：OKR 实施前需要确定的因素

企业管理者在实施 OKR 时，除了要合理设定目标和关键结果，还要做好实施 OKR 的准备工作，尤其是关于 OKR 各种时间的确定。设定 OKR 周期、明确 OKR 管理的时间节点、明确 OKR 的截止时间都是保证 OKR 能够顺利实施的重要因素。

同时，企业实施 OKR 与企业的奖金设置、工作周期和工作性质等密切相关，因此企业管理者必须为 OKR 选择合适的周期。在 OKR 实施过程中，明确的时间管理框架能够让企业管理者对 OKR 管理过程的每一步做到胸中有数。而明确的截止时间能够时刻提醒员工，保证其能够顺利完成工作目标。

5.1.1 选好 OKR 的周期

OKR 的实施周期为多长时间比较合适？这一问题并没有统一的答案。影响 OKR 周期的因素有许多，一般而言，企业管理者在确定实施 OKR 的周期时需要考虑以下因素，如图 5-1 所示。

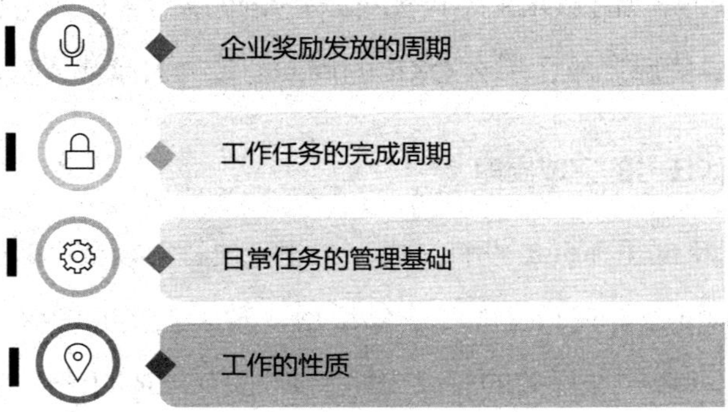

图 5-1　与 OKR 的实施周期有关的因素

1. 企业奖励发放的周期

企业发放奖励的周期会影响 OKR 实施的周期，企业发放奖励的依据之一便是 OKR 的完成情况，因此，企业奖励应该在 OKR 评估结束后发放，如图 5-2 所示。

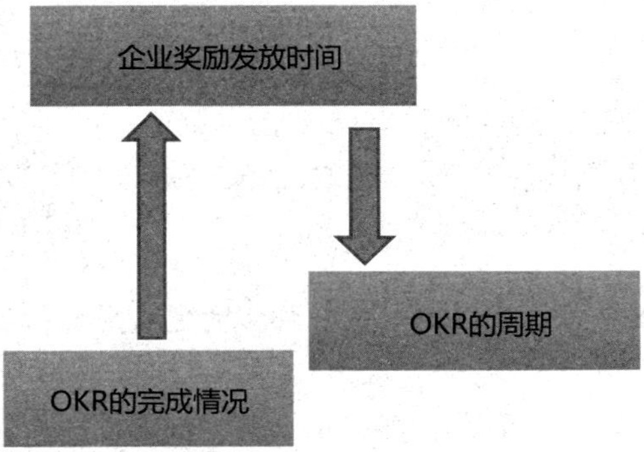

图 5-2　OKR 周期与企业奖励发放周期相互影响

因此，企业发放奖励的周期应该不小于 OKR 的实施周期，企业发放奖励是建立在 OKR 的评估工作完成之后的。如果奖励按照季度 OKR 的完成情况发放，那么 OKR 的周期可以是季度或月度；如果奖励按照月度 OKR 的完成情况发放，那么 OKR 的周期应设为月度或月度以下。

2. 工作任务的完成周期

如果员工的工作任务没有完成，企业管理者考核员工的工作情况时会有一定的难度，而在员工的工作结束后，对于工作的考核评估则会相对容易许多，所以工作任务的完成周期应不大于 OKR 的评估周期，如图 5-3 所示。

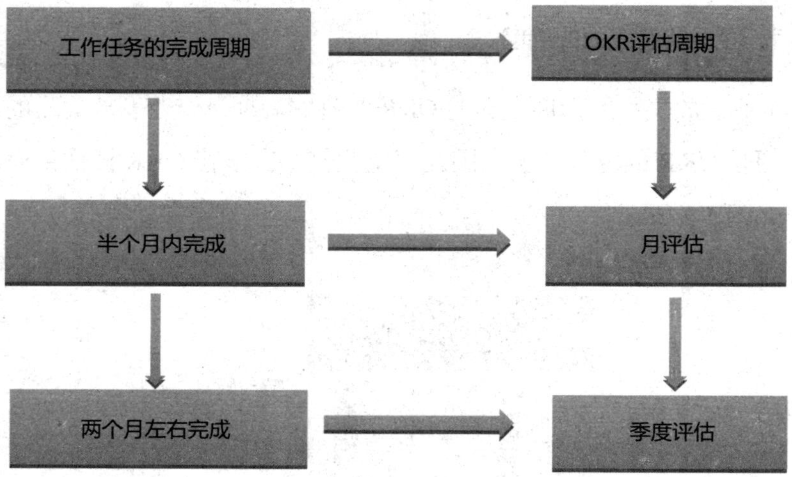

图 5-3　OKR 周期与工作任务的完成周期相互影响

如果员工的工作半个月就能完成，那么 OKR 的周期可以是月度；如果员工的工作需要两个月左右才能完成，那么就可以将 OKR 的周期设计成季度。

一些工作的周期特别长，可能需要两年才能完成。对于这类的工作，企业管理者并不能将 OKR 的周期设定为两年，而是需要把这种长期的工作分解成若干个阶段，找到分解工作的关键时间节点，然后再据此确定 OKR 的周期。

3. 日常任务的管理基础

日常任务的管理基础是指企业的管理水平，包括企业的管理能力、企业的信息化程度、企业员工的素质等，如图 5-4 所示。

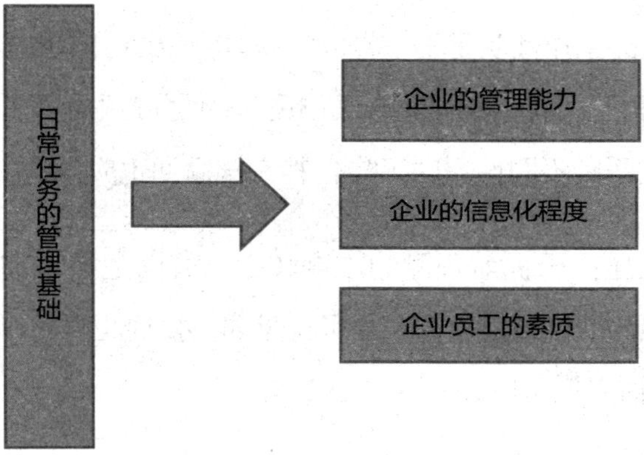

图 5-4　日常任务的管理基础包含 3 个方面

（1）企业的管理能力。包括企业管理者的决策能力、企业协调与调配资源的能力、企业对员工的管理能力等。

（2）企业的信息化程度。是指信息技术在企业中的覆盖率以及信息技术设备完成的任务量在企业总业务中的比重。一般来说，信息化程度高的企业，其生产效率也会较高，同时生产成本和运营风险也相对较低。

（3）企业员工的素质。是指企业员工的综合能力，包括员工的技术能力、创新能力和工作经验等。

OKR 周期的设定与企业的管理能力、企业的信息化程度和企业员工的素质密切相关。对于企业管理水平相对较低，信息化程度不高，企业员工的素质也不高的企业来说，OKR 的实施周期可以拉长。因为如果这样的企业将 OKR 的周期设定太短，不仅会增加企业的考核成本，还会增加企业的管理负担，加重企业管理者与员工的工作量，最终很可能导致 OKR 体系的瓦解。

4. 工作的性质

不同岗位的工作性质是不一样的，有些岗位的工作更多的是临时性任务，如行政部门；而有些岗位的工作更多的是可预见的重复性任务，如出纳。对于这两种不同性质的工作，其考核周期也应该有所不同。

临时性工作由于提前预测的难度较大，所以考核周期应该短一些，时间越短，预测准确度就越高。而可预见的重复性工作可以被准确预测，所以 OKR 评估周期可以长一些。

除了以上几个方面之外，企业管理者在制定 OKR 的周期时也要考虑员工对 OKR 的接受度。员工对于 OKR 有一个逐渐认知的过程，他们在刚刚接触 OKR 时可能会因为对 OKR 陌生而抵触 OKR 的实施，而当其对于 OKR 比较熟悉之后，对于 OKR 的接受程度也会提高。

所以，如果企业没有实施 OKR 的经验，在首次实施 OKR 时，企业管理者应该将 OKR 的实施周期设计得稍长一些，为员工留一些适应、缓冲的时间。而对于有实施 OKR 经验的企业来说，企业管理者在设计 OKR 的实施周期时，就可以将周期适当缩短，以便更迅速地利用 OKR 考核，来指导员工的工作。

5.1.2　OKR 管理时间框架

选好适合企业的 OKR 实施周期后，企业管理者还要明确对 OKR 进行管理的时间框架。一个完整的 OKR 实施周期包括准备、公示、执行和复盘 4 个阶段。以第一季度的 OKR 为例，其实施流程如下。

1. 准备阶段

实施 OKR 的第一步就是制定 OKR。OKR 的制定要从企业战略出发，然后再将企业目标等逐层细化。以各层级的目标（O）为出发点，合理地制定出各层级的关键成果（KR）。

在每年的十一、二月，企业管理者就需要开始构思明年第一季度的 OKR 了，而 OKR 的确定需要在 1 月初的 OKR 会议上完成。OKR 会议可以是全员参加，如果人数过多，企业管理者就需要将员工分成不同的小组。在 OKR 会议上，企业管理者需要描述企业的战略和愿景，在此基础上，各组员工展开讨论并分别阐述，从而确定出 OKR。

2. 公示阶段

公示并不只是在企业范围内公布确定好的 OKR，更重要的是企业管理者要向员工说明为什么企业要制定这些目标，实现这些目标对公司有何意义。同时，在公示阶段，企业管理者要确保企业各层级之间能够对彼此的 OKR 进行详细沟通，确保企业上下对企业目标理解一致。

3. 执行阶段

在 OKR 执行的过程中，企业管理者需要对 OKR 进行日常跟踪。企业管理者需要对 OKR 进行定期检查，必要时做出调整。在进行 OKR 日常跟踪中，企业管理者需要对目标、当前进度、出现的问题、出现问题的原因、问题解决的方法、下一步的计划等进行了解与决策，确保 OKR 能够顺利地开展。

4. 复盘阶段

在 OKR 实施的结尾，进行一次关于 OKR 的复盘是十分必要的。在复盘会议上，每位员工都需要回顾并阐述自己的工作，包括目标是什么、通过哪些工作来实现目标、遇到了哪些问题、问题是如何解决的、有什么经验和教训、给自己打分等。除了回顾总结个人 OKR，企业管理者还需要对整体的 OKR 完成情况进行一个总结。同时，复盘会议除了对上一季度的 OKR 进行总结，还可以制定出下一个季度的 OKR。

OKR 管理的时间框架大致分为以上 4 个部分。OKR 制定的周期可以是月度、季度、年度等，在周期的选择上，企业管理者需要根据企业的具体情况来选择。同时，不同周期的 OKR，其时间管理框架也应依周期有所调整。

5.1.3 必须明确一个截止时间

2018 年 3 月，一家纺织公司在召开季度会议时，公司总经理设定下一个季度的销售目标：到 2018 年 6 月，公司的销售额要达到 2 000 万元。在明确这个目标后，销售部门经理就带领自己的员工努力工作，希望能够准时完成目标。

到 2018 年 7 月初，公司对 2018 年第二季度的销售情况做了总结，发现公司的销售额为 2 500 万元，销售部门超额完成目标。销售部门经理对这个结果十分满意，他在此次的季度会议上分享了自己的经验。

原来，为确保能够顺利完成目标，销售部门经理以 2018 年 6 月为限，在第二季度的每个月甚至每个星期都设定了不同的销售目标，并限定了每个小的销售目标完成的期限。在一个个小目标和期限的刺激下，员工工作的积极性被极大地激发，最终超额完成了季度销售目标。

如果销售部门经理没有设定一个个小的完成期限，员工很有可能不会产生这么大的动力。上述案例就表明了 OKR 在实施过程中需要注意的第一个关键点——必须明确目标完成的截止日期。

有的工作目标完成起来比较容易，只需要很短的时间就可以完成。而有的目标就比较困难，需要比较长的一段时间才可以完成。无论是哪种情况，企业管理者都应为目标设定一个完成期限，这样才能把员工的工作积极性激发出来。

没有时限的目标往往会让企业管理者和员工对目标产生不同的认识，尤其在轻重缓急方面。

比如，企业管理者给员工分配了三项工作任务，却没有告诉员工截止时间。而其中有一项工作是非常重要的，员工却根本不知道。当一段时间过后，企业管理者向员工要结果时，发现员工根本就没有干这项最紧急的任务，而是在进行其他的工作。

在上述案例中，企业管理者就没有为最紧急的工作目标设定一个明确的时间期限，导致员工对目标理解失误。企业管理者为目标明确一个截止时间，不仅可以给员工一个时间标准，还能适当地给他们施加一些压力。在截止时间的刺激下，员工会极大地提高工作效率，确保目标能够在截止时间内完成。

在设置目标的时间限制时，企业管理者应该综合考虑目标的难易程度、轻重缓急以及员工能力等多个因素。此外，企业管理者还应该对工作目标的完成进度进行定期检查，时刻掌握员工的工作情况。这样，企业管理者不仅可以及时指导员工的工作，还可以根据员工的工作进度适当地调整目标期限。

在明确目标的截止时间时，企业管理者还可以对时间段进行细化，比如哪些工作需要本周完成、哪些工作需要本月完成，从而能实时掌握工作动态和工作进度。

企业管理者对于每个时间点的跟踪也十分重要。企业管理者需要建立完善的工作跟踪流程，各部门、各层级的工作细节都要一一记录，每个时间段需要完成什么工作，任务完成后，各位负责人也需要对任务进行总结汇报。对每个时间节点的把控有利于推动计划有条不紊地开展，有利于实现实施 OKR 的最佳效果。

5.2 实施 OKR 的 4 个关键点

在企业内实施 OKR 时，企业管理者一定要注意 4 个关键点，即为员工提供 OKR 培训、使各层级上下沟通顺畅、界定评估标准、保证实施过程的透明度。

为员工提供 OKR 培训能够统一员工对 OKR 的认知，让员工对 OKR 有充分的了解，同时能够纠正员工中存在的对 OKR 错误的认知。上级和下级双向沟通的实现能够通过沟通及时发现问题，员工也有合理的渠道来反馈问题。界定衡量标准一方面能够评判 OKR 制定的合理程度；另一方面也可以衡量员工的工作表现。OKR 整个实施过程的公开透明也有助于激发员工工作积极性，促进团队协作。

5.2.1　提供 OKR 培训，统一认识

武汉有一家物流公司准备在公司实施 OKR，于是企业管理者于世谦召集了一些有 OKR 经验的部门经理共同制定了企业季度 OKR，然后在整个公司内部推行。在人事部经理张毅建议学习同行企业在实施 OKR 之前先对员工进行培训时，于世谦对此表示反对：“培训都是在浪费钱和时间，不能给企业创造价值。”

而到了季度末，于世谦发现公司的业绩一直没有变化，和前一年的业绩基本持平，而其他同行公司的业绩却进步明显，在激发员工积极性这方面，OKR 并没有发挥作用。经过调查，于世谦发现那些业绩提升明显的同行公司都在实施 OKR 之前对员工进行了培训。想起张毅的建议，于世谦后悔不已。

在经过认真的反思后，于世谦决定立刻对员工开展 OKR 培训，为员工讲解企业实施 OKR 的原因和 OKR 对于企业的重要性，并针对不同的工作内容为员工讲解 OKR 如何更好地展开。同时，于世谦还为 OKR 评估单独设置了奖金，奖励那些 OKR 完成优秀的员工。

这一系列的措施使员工意识到 OKR 的重要性，同时也激发了员工工作的积极性。在接下来一个季度中，公司的业绩有了明显的提升。

由此可见，在实施 OKR 之前对员工进行培训是十分必要的。

OKR 和其他管理工具有什么不同？ OKR 的框架简单，更易于理解，OKR 的概念很容易被掌握。但简单也是一把“双刃剑”，一些企业管理者认为 OKR 非常简单直白，不需要对员工进行培训，员工就可以通过 OKR 来进行他们的业务。

也许一些对 OKR 有过了解或之前使用过 OKR 的员工确实不需要 OKR 培训，他们知道该如何进行有效沟通，能够确保自己工作目标和关键成果的正确性。但仍有很多员工是初次接触 OKR，对其并不了解，因此，企业管理者在制定 OKR 前，需要对员工进行 OKR 培训。

OKR 培训能够让员工统一对 OKR 的认识，让员工对 OKR 的理解达成共识。那么，在进行 OKR 培训时，企业管理者需要从哪些方面入手？

首先，企业管理者需要告诉员工为什么要实施 OKR。OKR 能够给员工带来工作的自主性，能够激发员工的积极性和创造性，同时有许多公司都在积极地使用 OKR。但对于企业管理者自己而言，在实施 OKR 前，企业管理者必须明确为什么自己的企业会适合引进 OKR，并将这个答案告诉员工。

其次，在对员工进行 OKR 培训时，企业管理者需要识别 OKR 核心信息，让员工了解 OKR 的重要性。网络上关于 OKR 的信息是纷繁复杂的，既有准确的信息也有错误的信息。为了使员工对 OKR 正确认知，避免受错误信息的误导，企业管理者需要在培训时对错误的信息进行过滤，识别出正确的信息，确保将正确的 OKR 知识传递给员工。

企业管理者需要阐明为什么 OKR 是适合公司的工具，并且讲明 OKR 实施的优势。没有一个清晰的理由做支撑，OKR 只会成为昙花一现的变革提案，员工并不会重视它。

同时，在企业内开展 OKR 培训时，企业管理者不仅需要对员工进行培训，还要对企业管理层进行培训。一般情况下，当涉及制定 OKR 时，障碍往往来自企业的管理层。企业管理者是制定 OKR 的关键人物。很多企业管理者在制定 OKR 培训计划时，经常会犯一个错误，那就是没有阐述清楚 OKR 的实施对企业管理有何作用，就匆忙地开展对员工的 OKR 培训。

在进行 OKR 培训时，企业管理者首先要从企业管理层入手。在对员工进行 OKR 培训之前就要对其他管理人员进行培训，让他们理解如何利用 OKR 更好地管理公司。

此外，企业管理者需要了解，对员工进行 OKR 培训是阶段性的，一次培训并不是结束。员工对于 OKR 的认知也是循序渐进的，在实施 OKR 过程中，员工可能会因为对 OKR 认知不足而产生工作问题。这时，企业管理者应该为员工创造学习的机会，帮助他们储备更多丰富的知识，提升员工对 OKR 的认知和了解，进而更好地提升他们的工作能力。让企业员工在完成 OKR 的同时更加全面地发展，这样做也有利于公司下一季度 OKR 的完成。

“培训很贵，但不培训更贵。”培训“贵”在企业在时间和金钱方面的投入，不培训的“贵”在于员工不能给企业带来更多的收益，企业收不到更好的效果，不培训企业损失的将会更多。因此，从长远来看，培训是十分必要的。

由于员工的综合性素质不同，企业所处的行业不同、性质不同、需求也会不同，因此产生的激励、环境、知识技能等都会成为影响员工之间OKR 完成进度差异或企业之间业绩差异的原因。因此，为企业员工提供OKR 培训，统一认识是保证 OKR 顺利实施的重要因素。

5.2.2 上级和下级实现双向沟通

上海一家餐饮公司的创始人十分重视企业员工之间的沟通，他经常向员工强调员工要勇于质疑那些有问题的工作内容。该企业会在每年年终时召开一次全体会议，为企业各层级员工之间的沟通提供一个平台。

在会议上，员工首先需要做自我评价，员工需要讲述在一整年的工作生活中个人学到了什么，并对自己的表现和业绩做出自我评估，总结出个人的进步与不足。另外，员工还讲述对企业有什么意见和想法以及对自己未来的工作有哪些期望。

员工的意见和建议对于 OKR 的实施具有重要的指导意义，企业管理者可以根据员工的合理建议修正 OKR，也可以根据员工工作中出现的问题来调整 OKR。同时，员工的意见、建议和平时的工作状态都可作为新OKR 的制定依据。

年终的全体会议为企业全体员工的沟通交流提供了机会，每位员工都可在会议上畅所欲言，上级和下级之间也可以实现双向沟通，各层级员工对 OKR 的总结会使得新的 OKR 的制定更加科学。除了年终全体会议总结外，在 OKR 实施过程中，上级和下级之间的双向沟通也十分重要。

在 OKR 实施过程中，上级和下级之间的双向沟通的实现是保证 OKR 能够顺利推进的关键。上级和下级之间的双向沟通主要指企业上下级根据 OKR 的完成情况以及 OKR 所反映出来的问题进行合理的沟通。

上级和下级之间的双向沟通的实现能够使 OKR 更加顺利地实施。一方面，上级管理者可以在沟通中了解下级员工的工作进度、工作状态和工作中遇到的问题，能够对 OKR 的实施进度有清晰地把控，也可以及时发现员工工作中的问题并对其及时进行指导。同时，上级管理者还可以在沟通中了解下级员工对于工作的意见和想法，以便及时对 OKR 的不合理之处进行调整。

另一方面，下级员工也可以在沟通中了解上级管理者对自己工作的反馈。如果上级管理者对下级员工工作的某一方面表示出了不满，下级员工可以根据上级管理者的指导及时地改进工作；如果上级管理者对下级员工的工作表示褒奖，也会使下级员工获得精神上的激励，从而更大地激发其工作的积极性。

上级和下级双向沟通的实现可以使企业管理者的决策在员工的建议与不断反馈中变得更加合理。同时，加强企业管理者与员工之间的沟通还会增加双方间的亲密度，有利于企业管理者威信的建立。

同时，实现上级和下级之间的双向沟通的方式是多样的，并不只有召开会议这一种形式。通过组织一些企业内的集体活动也可以在轻松愉悦的氛围中实现上级和下级之间的双向沟通，例如，组织表演或体育活动、定期团建等。

在 OKR 实施过程中，上级和下级之间的双向沟通是十分重要的，企业目标的实现是企业各部门、各层级共同努力的结果。上下级之间沟通的强化，不仅能够加强企业管理者对 OKR 实施流程的监督，还会使企业拥有良好的工作环境和氛围，而这些都将推动 OKR 能够顺利地实施。

5.2.3 衡量标准为 0.6 ~ 0.7 分

在实施 OKR 过程中，为了清楚地了解员工的工作情况，企业管理者需要制定完善的 OKR 考核标准。企业管理者可以根据员工考核的分值来衡量员工的工作水平。

谷歌建立了完善的 OKR 考核标准。在每个季度末期，谷歌平均一个员工要接受 5 个方面的 OKR 考核，如果某一位员工的考核项目太多，表明其被解雇的可能性较大。OKR 考核的分值在 0 到 1 范围内，合理的 OKR 考核分值一般为 0.6 ～ 0.7，太高或太低都不好。如果分值太高，表明员工 OKR 的目标设定得太简单；而如果分值太低，则表明员工的工作能力不够或工作方式出了问题。

谷歌对 OKR 评分制度的规定有以下 4 个方面。

1. 目标必须是能够表现出野心的，需要有一定的难度（由个人和公司共同设定）。

2. 关键结果必须是可衡量的，并且能够以数字进行量化（每个季度末对关键结果打分）。

3.OKR 的成绩及关键结果是公开的，公司的每一名员工都能够了解其他同事的工作以及他们过去一段时间的表现。

4. 最理想的 OKR 分值介于 0.6 ~ 0.7，如果某位员工连续几次拿到 1 分，那表明其 OKR 目标难度不够。另外，获得低分值的员工也不应该受到责罚，企业管理者可以通过分析其工作数据，帮助他改进下一季度的 OKR 目标。

在 OKR 的考核中，考核的分值在 0 到 1 范围内，员工考核分值为 0.3 ~ 0.4 代表其目标并没有被很好地完成；分值为 0.6 ~ 0.7 代表目标被圆满地达成了；分值为 1 则代表员工的目标完成得非常出色。

OKR 的目的是为企业员工提供野心，让他们能自发挑战有难度的工作，哪怕只完成有挑战度的目标的 50%，也要好于完成过低目标的 100%。

在考核员工的 OKR 时，以 0 ~ 1 分作为分数区间，0.6 ~ 0.7 这个分数区间就是衡量目标被圆满达成的标准。如果员工的考核分值低于 0.4，那可能是目标设置的难度太高或者员工的工作方式出了问题；如果员工的考核分值为 1 或者接近 1，也可能是目标设置的难度太低。无论哪种情况，企业管理者都应对 OKR 的内容或者员工的工作展开调查，以便有针对性地改进 OKR 方案或帮助员工改进工作。

5.2.4 整个过程公开透明

OKR 的顺利实施还有一个关键，就是实施过程一定要公开透明。公开透明的 OKR 实施过程能够让员工对整个企业的 OKR 有清楚的认识，能够更好地将个人 OKR 与企业 OKR 结合，使两者之间的联系更为紧密，有助于企业目标的顺利达成。

OKR 的评分规则和评估结果的透明度会影响员工对企业的认识，因此，企业各层级的 OKR 都要在全企业内公开，这样既能有效防止各层级管理者滥用权力，又能强化员工的自我约束意识。在实施 OKR 的过程中，员工的主人翁意识和责任感会极大地提升，从而能够激发其工作的积极性和创新精神。

具体来说，OKR 实施过程公开透明的优势表现在以下 4 个方面。

1. OKR 公开透明激发员工责任感

员工 OKR 的公开透明体现在 3 个方面：第一，在 OKR 实施的过程中，员工的 OKR 是公开透明的；第二，员工需要定期更新 OKR 进度；第三，员工需要公开自己 OKR 的评分。这 3 个方面的公开透明会激发并强化员工对于 OKR 的责任感。

此前，员工的目标与完成情况等信息只在员工和上级之间进行共享，对于其他员工来说，这些信息都是私密的。但是，OKR 的公开透明要求将员工的所有工作信息都“晒”出来，其他员工都可对其工作进行监督。工作信息的公开透明会激发员工对于工作的责任感，员工会时时督促自己，从而能更好地完成 OKR。

2. OKR 公开透明促进协作

协作问题一向是企业开展工作的持续性难题，以往企业对此的解决方法通常是“通过思想教育提升员工的协作意识”，但是这样做的效果并不明显。往往两个部门进行了协作也难以推动工作的顺利进行。这个问题在规模较大的公司里更为明显。单靠提升员工协作意识，无法解决团队之间的协作问题。

而 OKR 能够有效地促进员工之间的协作。OKR 的公开透明显示了每个员工的工作目标和工作进度。这样，一名员工在思考自己的工作目标和工作内容时，他可以通过了解其他员工的工作目标和工作内容来明确双方有没有协作的可能性，以此来更好地开展工作。

当一个部门与其他部门有依赖关系时，这个部门也可以通过公开透明的信息，了解其他部门的目标与进度，从而调整自己的工作进度或工作内容来实现与其他部门的配合。比如，培训部门在了解其他部门的目标后，就能为其提供有针对性的培训支持，推动其他部门完成目标。

3. OKR 公开透明提升员工敬业度

公开透明的 OKR 能够让员工看到部门、企业目标的进度，也能够让员工明确自己的工作对部门和企业所做的贡献，让员工感受到工作的价值。这种价值赋予了员工更强的工作动机，促使员工提高敬业度。

同时，OKR 的公开透明也让员工的贡献展现在企业全体员工面前，这能够给员工带来更多的成就感和自豪感。而当员工看到其他员工完成了更具挑战性的目标时，也会激励员工制定更具挑战性的目标，激励员工更加投入地工作，提高员工的敬业度。

4. OKR 公开透明有利于打造敏捷组织

敏捷组织是组织发展的趋势。敏捷组织即组织能够快速感知和应对外部环境的变化。敏捷组织的基础就是信息公开透明、信息共享。

OKR公开透明是为了员工能够时时明确自己的工作目标和工作内容，这对于建立敏捷组织来说也是十分重要的。在敏捷组织中，公开透明的信息能够让员工清楚地了解组织目前的优先工作是什么，员工也能够思考为完成这项工作，自己能够付出怎样的努力。

那么，如何实现 OKR 实施过程的公开透明？这需要企业管理者做到两点：一是企业管理者对 OKR 的管理要公开透明；二是 OKR 的目标、关键结果、进度及评估结果要透明。

首先，企业管理者要制定完善、公开的 OKR 管理制度。在制度中，企业管理者需要详细注明 OKR 实施的周期和企业、部门及员工的目标、关键结果。同时，制度还要规定好每一项目标被完成到何种程度对应的部门或员工可以得到什么样的奖励，奖励可以根据目标的完成程度来设置阶梯。

其次，企业管理者可以通过内部共享工具或 OKR 系统实现 OKR 目标、关键结果、进度及评估结果的公开，确保每位员工都可以看到其他人的 OKR 信息。

OKR 整个实施过程的公开透明能够让企业管理者清楚地看到各层级 OKR 的进度和进展，以便企业管理者能够及时发现并解决企业运作中存在的问题。同时，OKR 整个实施过程的公开透明也能够让员工清楚地看到个人目标、团队目标及企业目标的进度。进度的提升能够让员工产生更多的成就感和自豪感。

5.3　充分借助工具的力量

在实施 OKR 过程中，企业管理者充分借助工具的力量可以更好地推动 OKR 的实施。有效的工具可以使 OKR 的目标和工作流程更加明确，可以使得 OKR 的实施过程更加流畅。在实施 OKR 过程中，企业管理者通常用到的工具有白板、大数据系统、协作平台等。

5.3.1　白板：展示季度的 O 和 KR

丰田汽车作为世界 500 强企业之一，其生产和管理系统一直是公司的核心竞争力。丰田汽车的生产和管理系统也因此成为其他企业经营管理长期以来竞相效仿的榜样。

丰田汽车以准时生产为出发点，首先找出各环节中出现的生产过量以及其他方面的浪费情况，然后调整生产中的设备和人员分配，以达到降低成本、简化计划和提高控制程度的目的。

在生产现场控制方面，准时生产制的基本原则是按需计划生产，即在产品有需求的时候，按需要的量生产所需的产品，从而实现零库存。

管理上的变革产生了惊人的效果，丰田汽车的质量得到空前提高，并且其生产效率也大为提高。后来，准时生产制这一理念在逐渐演变中变成现在众所周知的看板管理方式。

丰田看板管理方式的典型应用类似于超市补货，在丰田的汽车生产中，所供应的零件包装都附有一张看板，零件用完，看板就被工人取下放到看板盒中，有其他员工会定期收集看板盒中的看板，并根据看板补充相应的零件。

丰田在看板管理方式的作用下大大提高了其生产效率，以强大的竞争优势打进美国等发达国家的市场。直到今天，丰田依然在世界汽车生产业中有着举足轻重的地位。

丰田汽车的快速发展表明了看板的优势，而随着技术的发展，电子白板逐渐成为新型的看板，成为企业展示目标和关键成果的重要平台。电子白板属于触控类多媒体产品，企业可随时在电子白板中录入会议的相关内容。电子白板具有极强的兼容性，WORD、EXCEL 报表、幻灯片等格式的文件都可以用电子白板打开。企业使用电子白板展示 OKR 的优势表现在以下 4 个方面。

（1）电子白板改变了企业以往常用的传统看板模式，使企业展示 OKR 的过程更高效便捷。

（2）电子白板具有交互功能，更容易使企业员工参与其中。

（3）电子白板中有大量的企业资料，比如项目进度、案例分析等，员工可利用电子白板快速查阅信息。

（4）电子白板有影音记录保存功能，企业的优质资源可以通过电子白板保存下来，并实现资源共享。

企业管理者在利用电子白板展示 OKR 时，应在电子白板上呈现哪些内容？在电子白板上呈现的内容应该是 OKR 实施过程中的重点内容，其主要包括以下 4 个方面。

第一，企业正在关注的项目或是那些必须在限定时间内完成的或是要求员工尽力完成的工作。另外，在电子白板上对必须完成的计划一定要进行详细的描述。

第二，电子看板要能够体现企业当前 OKR 的状态以及已经完成的 KR。

第三，电子看板中需要详细列出企业各层级员工需要做好的准备。

第四，电子看板需要标明那些对企业 OKR 完成过程中出现的阻碍因素，将企业各层级员工必须格外注意的点一一注明。

电子看板可以清晰地表示出企业整体 OKR 的进度和员工自身工作的内容，员工可以根据看板内容准备工作。同时，电子看板可以存储企业内的优质教学资源和以往经典案例等，通过查阅电子看板，员工也可以更好地解决一些工作中常见的问题、提升自己的工作能力。

5.3.2　大数据系统：数据管理更准确

在企业管理者做决策时，全面、准确的数据是决策能够科学的重要保证，没有数据的决策是没有任何说服力的。数据的收集和分析在企业管理中的作用越来越重要。

此前，很多企业将 EXCLE 作为进行数据统计汇总工作的常用工具，但随着大数据的发展与革新，越来越多的企业增加了在内部信息系统建设上的投入，在 OA（办公自动化）系统、EPR（企业资源计划）系统中建立了独立的模块用于 OKR 管理。

OA 系统和 EPR 系统等这些大数据系统具有以下几个特点，如图 5-5 所示。

图 5-5　大数据系统的特点

1. 实现数据共享

利用这些大数据系统，企业各层级的目标、关键指标、OKR 完成进度等数据都可实现共享。企业管理者可以轻松了解各部门、各层级的具体工作数据和总体的分析数据，所有数据的统计和分析都是十分准确的。

2. 记录 OKR 调整

企业管理者可以通过大数据系统进行线上的 OKR 调整。通过在系统上进行线上 OKR 调整的方式，能减少企业管理者在进行线下 OKR 调整时的记录错误。而且根据 OKR 评估相关流程，大数据系统能通过数据的统计和回写自动生成明细表数据，并对这些数据进行分类汇总，能够有效提高企业管理者的工作效率。

3. 数据更直观，方便查阅

企业管理者利用大数据系统整理好每位员工的OKR后，系统可生成直观的图表来表现数据，更便于员工理解。另外，电子数据的保存也便于员工的查阅。

在OKR实施过程中，企业管理者需要对企业各层级OKR进行分类和汇总，企业管理者只有充分利用大数据系统，才能更好地完成OKR的统计与分析。大数据系统不仅能够提高OKR数据统计及分析的效率，同时也更能保证数据统计和分析的准确性。

5.3.3 协作平台：方便交流和协作

在OKR实施过程中，企业管理者需要对各部门、各环节的工作进行严格的把控，员工在工作过程中也需要对自己的工作内容和工作进度有明确的认知。这时，企业管理者可以选择一些协作平台来辅助OKR的实施，比如日事清平台管理系统和Worktile平台。

日事清平台管理系统能够将企业OKR的目标、关键结果等信息通过平台的看板功能公示给全体员工，同时，最新工作情况也会在看板中实时更新。日事清平台管理系统还可以根据OKR的具体内容制定合理的衡量标准，员工可以根据衡量标准来明确自己工作与其他员工的差距，这样能够提高员工工作的主观能动性。它的具体功能如下。

（1）每位员工都能够通过日事清平台管理系统掌握个人OKR的实施动态、项目任务的整体进度等。

（2）日事清平台管理系统可以实时更新每个部门、每位员工所要承担的具体工作内容。

（3）借助日事清平台管理系统，员工可以记录工作的所感所想，总结经验，同时，员工之间还可以相互交流，协作开展项目，共同完成任务。

（4）企业管理者可以定期对各部门 OKR 的执行情况进行检查，能够及时通报工作情况和对 OKR 进行调整。

Worktile 是国内首家以软件形式辅助实施 OKR 的企业协作平台，其对 OKR 有着深入的研究，该平台设计的每个功能和细节都与 OKR 需求有极高的契合度。Worktile 主要包括五大功能，如图 5-6 所示。

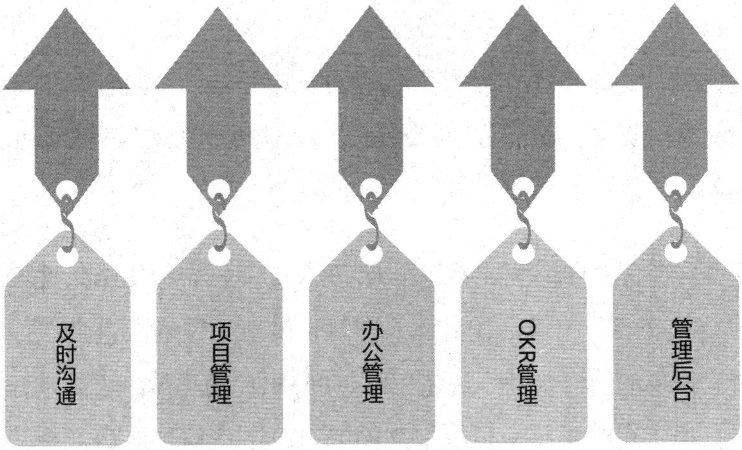

图 5-6　Worktile 的五大功能

1. 及时沟通

Worktile 是专为企业打造的及时沟通工具，借助 Worktile，员工能保持彼此间的实时联系，使员工彼此之间的协作保持灵活性、畅通性。

2. 项目管理

Worktile 包含大量的场景模板资源，能满足企业多种业务的需要，包括缺陷管理 、敏捷开发等，能对企业的各项管理项目进行实时追踪和质量监察。

3. 办公管理

Worktile 为企业提供内部公告栏、审批等应用，企业管理者可以借助 Worktile 跟踪办公事务，实时掌握工作进度。

4. OKR 管理

Worktile 能够公示企业各层级的 OKR 并实时追踪其进度，帮助企业实现执行战略的高度集中以及各层级部门间的沟通与协作。

5. 管理后台

Worktile 可提供强大的企业管理后台，能够以软件的形式推动 OKR 在企业内的落地应用，是帮助 OKR 在企业内落地推广十分实用的协作平台。

企业管理者可以根据自己的需要灵活使用 Worktile 的各种功能辅助 OKR 的实施，提高 OKR 实施的效率。Worktile 还有以下五个特点。

特点一：专为协作办公场景而设计

Worktile 可以帮助企业实现一体化办公，员工无须在多个系统之间穿插切换，企业系统管理人员也不必再维护多套系统。企业管理者可以借助 Worktile 对全体员工进行协同管理，不同的部门和各员工之间也可以借助 Worktile 实现协同办公。

特点二：激发企业员工潜能

Worktile 能够对企业的各项管理工作进行可视化跟踪管理，从而使企业的管理更加规范，让企业的 OKR 信息更透明。Worktile 每天有序地为员工安排工作并实时更新工作进度，不仅能提高员工的工作效率，还能有效激发员工工作的潜能。

特点三：打破信息孤岛，使数据发挥最大价值

Worktile 能够汇总并更新企业的 OKR 信息，并通过数据分析制作出企业的决策报表，形成企业新的沉淀资产。

特点四：多场景项目模板匹配

Worktile 采用积木化思维配置项目模板，既可以与互联网、电商、建筑等不同行业灵活匹配，还可以满足产品研发、市场、运营等不同部门的项目管理需求。

特点五：多视图展示

Worktile 支持看板、表格等展示方式，每个项目的进度和状态都可以通过不同的形式展示出来。企业管理者可以针对任务设置相应的提醒策略，以保证重要的事情不被遗漏。

由于 OKR 落地、实施和管理存在一定的复杂性，如果企业管理者仍然按照原始方法进行工作将会非常困难。因此，为了使 OKR 更好地落地，企业管理者不妨试试以上辅助工具，这样不仅能够减轻自己的工作压力，还能更有效地推动 OKR 的实施。

第6章

日常跟踪：监控实施的进程

在 OKR 实施过程中，为了确保实施过程的顺利，企业管理者不仅要进行充分的准备工作，还需要在 OKR 实施过程中做到持续的日常跟踪，实时监控关键结果的完成进度，然后进行 OKR 评估。

在 OKR 的日常跟踪过程中，召开各种会议是对 OKR 进程进行追踪及总结的重要形式。周例会、周期中期审视会和周期末期评估会都会在 OKR 的日常跟踪中发挥不同的作用。在 OKR 周期末期对 OKR 完成情况进行评估时，为了确保评估的准确性，企业管理者需要明确 KR 的数量和权重，同时 OKR 的评估结果也不应与绩效挂钩。即使 OKR 的评估结果不与绩效挂钩，OKR 也可以通过其他方式实现激励。

6.1 日常跟踪过程中的那些会议

定期召开会议是进行 OKR 日常跟踪的有效手段，定期召开 OKR 分析会议能够及时发现并解决 OKR 实施过程中的问题，能够激发员工的创造力与动力。

那么，在 OKR 实施过程中，具体应该召开哪些会议？ OKR 的实施周期可以划分为不同的阶段，根据这些不同的阶段，OKR 实施过程中日常跟踪的会议可以分为 3 类：周例会、周期中期审视会、周期末期评估会。

6.1.1 周例会：确保持续聚焦

刘娟为一家化妆品公司的销售部门经理，按照公司规定，部门每周都要召开例会。刘娟对召开例会十分头疼，她知道召开例会对工作十分有利，但不知为什么，刘娟召开例会的作用一直不尽如人意。刘娟召开例会的流程主要分为 3 个步骤：

第一步，将各团队的 OKR 以及各团队业绩陈述一遍。

第二步，根据各团队 OKR 完成的进度布置本周的任务。

第三步，让业绩突出的员工分享经验。

在周例会的最后，刘娟虽然会问员工有没有什么问题，但是从来都没有员工提问，也没有员工反映问题，会议也就草草收场。

其实，刘娟并没有明确周例会与 OKR 的关系，也并不知道在周例会上应该做些什么。周例会是企业中最常见的会议，会议的内容主要是总结企业上周的工作，同时对下周的工作进行安排。

周例会的目的是对企业或是部门 OKR 完成的情况、所遇到的问题、下一步目标等内容进行细致分析与了解。此外，企业管理者通过周例会还可以集思广益，集中全体员工的智慧一起解决某一具体问题。

周例会的召开能够使企业各部门间工作进度同步，也可以让员工对上一周的工作进行反思与总结。同时，在内容上，周例会注重的不是量化指标和结果，其更多的关注信息资源分享以及讨论如何实现更多价值。

周例会应有以下 3 个目标。

（1）做目标评估。通过召开周例会，企业管理者能够根据员工的工作数据确定员工的工作进度，从而能够分析出员工能不能按时完成工作目标以及何时能够完成工作目标。

（2）提前识别潜在风险。在周例会中，企业管理者通过对员工工作的分析和与员工的沟通，能够及时发现员工工作中存在的问题，从而能够提前识别到 OKR 实施过程中潜在的风险。

（3）有计划地把 OKR 渗透到企业管理中，以保证员工对企业目标的持续聚焦。在周例会中，企业管理者对工作目标的一遍遍明确能够让员工对工作目标有更深刻的认识，同时企业管理者对于员工工作的分析也能为员工指引正确的工作方向，使员工能够始终聚焦于自己的工作目标而工作。

想要发挥周例会的最大作用，企业管理者可以从以下 5 点入手对周例会进行优化，如图 6-1 所示。

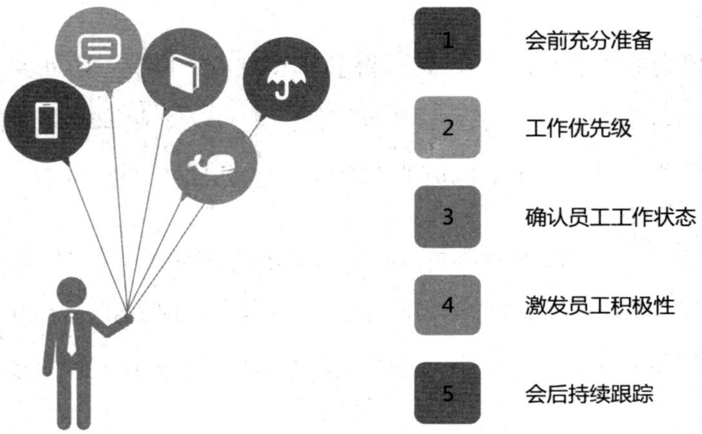

图 6-1　优化周例会的 5 个要点

1. 会前充分准备

企业管理者要从员工正在进行的工作入手，将有争议的问题和员工工作的关键信息整理出来。

2. 工作优先级

企业管理者要明确召开会议的最终目的是推进 OKR 目标的达成。在了解员工本周的工作情况时，本次会议对员工工作进度的追踪要与上一次会议的跟踪情况相联系，以明确员工本周的工作和工作进度。同时，企业管理者在跟踪员工本周的工作时，要提前设计好具体事项的跟踪列表和工作的优先级，确保沟通一环扣一环。

3. 确认员工工作状态

员工对 OKR 完成的信心有没有变化、员工对自己遇到的工作瓶颈和具体问题是否能够坦白，这些都是企业管理者需要了解的问题，并根据这些问题分析员工的工作状态。

4. 激发员工积极性

企业管理者通过对员工工作内容和工作进度的追踪，能够准确地了解员工工作的现状。企业管理者要根据员工工作的具体情况，对于那些在工作中表现较好的员工予以褒奖，对于那些在工作中表现不太好的员工也要予以鼓励，以激发员工的工作积极性。

同时，在周例会上，企业管理者也要积极听取员工的意见和建议，认可其合理的建议和正确的想法，以激发员工的创造性思维，培养其创新能力。

5. 会后持续跟踪

周例会是企业管理者跟踪、分析员工 OKR 的有效手段，但是，企业管理者对员工 OKR 的追踪不仅只体现在周例会上。在周例会结束后，企业管理者依旧要对员工的工作做持续的追踪，确保会上的决策被准确、及时地落实到工作中。

周例会的短期性和持续性对于企业管理者跟踪 OKR 的实施来说是十分有利的。短期、持续的周例会能够让企业管理者及时了解员工的工作情况，也能够及时对员工的工作做出指导和纠正，能够确保员工的工作持续聚焦于工作目标。

6.1.2　周期中期审视会：确认状态

北京一家农副产品公司制定了年度的企业 OKR，该公司管理者对公司各层级员工的工作做出了详细规定，并于 2018 年 1 月正式实施 OKR。2018 年 6 月，公司人力资源部门按照规定对员工上半年的 OKR 做出中期评估与修整。

首先，由各部门经理对本部门团队的 OKR 进行详细汇总，包括每一位员工的 OKR 历史记录与评定结果、上级对下级的 OKR 面谈过程记录、OKR 跟踪记录等。在将这些 OKR 数据进行详细汇总之后，各部门经理需将汇总信息提交到人力资源部门。

其次，由于 OKR 评估涉及企业全体员工，关系重大，所以该公司管理者成立了 OKR 评估小组，由人力资源部门落地执行并对本次 OKR 的汇总结果负责。OKR 评估小组负责根据 OKR 的实际情况对各部门的工作做出评估。

最后，在公司召开的 OKR 周期中期审视会上，该公司管理者根据人力资源部门的 OKR 评估结果讲述并分析了上半年 OKR 的完成情况和工作中的问题，并对本年度下半年的 OKR 做出了相应的调整，完善了 OKR 辅导的方法、渠道以及跟踪途径等。调整后的 OKR 更能适应公司、员工以及具体业务的需要，为公司顺利完成 OKR 提供了保障。

周例会的优势在于其持续性和短期性，使企业管理者能够灵活地对员工的工作作出指导。但周例会也有缺陷，其只能对 OKR 的实施状态进行初级评估，规避掉一些小的潜在风险，而对于一些潜伏期长、难以发现的问题，周例会并不能及时地发觉。所以，在 OKR 实施周期中期召开一次审视会是有必要的。

周期中期审视会的会议重点是企业管理者需对此前 OKR 实施半个周期的跟踪数据进行汇总与分析，明确其是否存在尚未解决或此前未发现的问题。在会议上，企业管理者也需要就 OKR 的进度、存在的问题等与员工进行沟通，了解员工的想法与建议。

在这个阶段，企业实施的 OKR 已经走完了上半场，像期中考试一样，企业管理者需要对过去的工作成果做一个阶段性的审视总结，也有助于及时修正偏差方向。

在 OKR 跟踪中，周期中期审视会的审视与修整的作用非常明显，企业管理者可对 OKR 整个前半期的完成进度进行汇总，做出对前半期工作的整体评价。同时，企业管理者还可根据 OKR 上半期的完成情况和存在的问题对 OKR 下半期的工作作出指导。

周期中期审视会与周例会在形式上并无太大差别，只是周期中期审视会把更多的关注点放在确认状态上。企业管理者需要根据 OKR 上半期的完成情况确定 OKR 下半期工作的核心，同时使用合理的方法规避掉此前工作中存在的问题。

6.1.3　周期末期评估会：客观判断

在对 OKR 的跟踪中，召开周期末期的评估会十分重要，周期末期的评估会能够对 OKR 实施的整个过程做一个客观判断。召开季度末期评估会的目的主要为了明确两个问题：第一个问题是明确 OKR 的最终目标是否被完成以及完成到什么程度；第二个问题是明确有哪些因素促使最终目标完成或者有哪些因素导致最终目标没有完成。

为了明确最终目标是否被完成或者完成到什么程度，企业管理者要对每一个 KR 进行评级或打分，根据每一个小目标的完成情况来分析企业的最终目标有没有被实现。如果 OKR 的最终目标没有被实现，企业管理者也要分析最终目标的完成度。

在明确了第一个问题之后，企业管理者就要分析有哪些因素促使 OKR 完成或者有哪些因素导致 OKR 没有完成。如果 OKR 顺利完成，企业管理者就需要分析推动 OKR 顺利完成的因素有哪些，并与员工讨论在哪些方面、哪些细节上还有上升的空间、OKR 实施过程中的哪些方法还能进一步优化等。如果 OKR 没有被顺利地完成，企业管理者也要分析是什么因素导致了关键成果与目标。因此，企业管理者在季度末评估会议上就需要真实地、坦诚地面对在完成过程中出现的问题。

在利用周期末期评估会来客观评判 OKR 的完成情况与具体细节时，企业管理者需要注意哪些问题?

1. 会议一定要坚持到底

首先，企业管理者要注意会议一定要坚持到底，不能在问题还没有解决方法的时候就草草结束会议。在会议中总会有一些棘手的问题有待解决，企业管理者不能避而不谈，而是要带动起整个会场的气氛，要让全员积极地参与进来，让更多的员工为棘手的问题出谋划策，以便从中总结出最优解决方案。

2．通过提问来反思 OKR 中存在的问题

企业管理者在会议中客观判断 OKR 时，要从 OKR 实施的各个方面来分析问题为什么会产生，主要包括以下几个方面。

（1）从 OKR 实施的过程来分析，为什么问题会发生？

（2）从 OKR 制定的角度来分析，为什么没有提前识别出潜在风险？

（3）从 OKR 监督额角度来分析，为什么在 OKR 实施的过程中没有发现问题？

企业管理者在会议中要认真分析 OKR 实施过程中以上 3 个方面的问题，只有全面分析了这 3 个方面的问题，企业管理者才能全面地发现 OKR 实施过程中存在的问题。企业管理者不仅要清楚地了解出现的问题是什么，还要了解为什么会出现这样的问题、为什么这个问题在前期的风险预估中没有被识别出来、为什么在监督过程中没有发现问题。

3．约束自己的期望

其实无论是举行会议还是制定目标，企业管理者都应该明白管理的重要意义还在于激发员工的工作积极性和创造精神。企业管理者在会议中的关注点不应该仅是员工 OKR 的得分或 OKR 的完成度，还要关注会议能否更加激励员工的工作。因此，在会议中企业管理者要约束自己的期望，不要对员工 OKR 的得分或 OKR 的完成度太过重视，只要这场会议能对员工工作有积极的影响，就是一场有质量的会议。

OKR 的周期末期评估会能够对整个 OKR 实施的过程进行复盘，能够通过对整个 OKR 的分析了解其存在的问题和能够进一步优化的方面。此

次 OKR 的周期末期评估会也能够为下次 OKR 的制定提供依据，使下次 OKR 的制定更加合理。

6.2 如何为 OKR 做准确的评估

许多企业管理者由于缺乏经验或是过于注重成效等原因，其对 OKR 的评估很容易出现偏差。如何为 OKR 做准确的评估？这需要企业管理者合理地设定 KR 并对关键结果进行打分。同时，如果 OKR 的评估结果与绩效挂钩，不仅会削弱 OKR 对于员工的激励作用，还会让员工过于追求结果而忽视过程，影响企业管理者对 OKR 的准确评估，因此 OKR 的评估结果不能与绩效挂钩。

6.2.1 明确 KR 的数量和权重

广西一家建材公司在实施季度 OKR 时，给员工设定的 KR 有十几项，员工为了在 OKR 期限内完成这些 KR，有些员工还未做好工作规划便匆匆开始行动，有些员工为了尽早开始之后的工作而忽视了上一个 KR 完成的质量。季度末期，公司对 OKR 实施情况进行检查，发现虽然很多员工都完成了 KR，但是工作的质量十分糟糕。

实施 OKR 的目的是让员工完成企业的总体目标，如果一个员工的 KR 有十几个，员工在为 KR 排序和时间的规划上必定会更加烦琐、复杂，同时，过多的 KR 会分散员工的时间和精力，难以保证员工工作的质量。

KR 一般设定为 3 ～ 5 个比较合理。无论是月度 OKR 还是季度 OKR，3 ～ 5 个 KR 都能提炼出员工工作的主要内容。KR 的设定不能眉毛胡子一把抓，而是要罗列出工作的重点内容。OKR 的评估也是要评估员工工作重点内容的完成情况。

关键结果是企业管理者对 OKR 进行评估时参考的重要因素，为确保评估结果的准确性，企业管理者不仅要明确 KR 的数量，也要明确 KR 的权重。在明确不同 KR 权重时，对于和业绩直接相关的 KR，企业管理者需要设定较大的权重，对于和业绩相关程度较小的周边 KR，企业管理者要设置较小的权重。

不论如何设置权重，最终权重的总和应该是百分之百，即业绩直接相关 KR 权重 + 周边 KR 权重 =100%。除了用百分数表示以外，权重的具体表现形式也可以用分值表示，即各项权重相加总分为 100 分。

为 KR 设置权重能够使 OKR 的评估更为科学合理。OKR 的评估结果不能仅取决于关键结果的分数，OKR 的评估结果也会受到 KR 权重的影响，企业管理者将 KR 评分和 KR 权重结合起来计算能够得出更合理的 KR 最终分值。

6.2.2　评估的结果不与绩效挂钩

OKR 是企业管理者为促进企业发展、持续提升员工和部门业务能力而构建的一个管理体系。OKR 虽然可以对员工、部门等各层级的工作情况进行评估，但是它不等同于绩效考核。同时，OKR 的评估结果也不应该与员工的绩效挂钩。

科学合理的 OKR 能够带给员工工作的自主性，激发员工工作的积极性和创造性，这也是 OKR 对于企业的最大价值。如果 OKR 的评估结果与员工的绩效挂钩，那么就可能会导致员工过于重视 OKR 目标的实现而忽视工作的过程，为了更好地完成 OKR 的目标，员工可能不会设置具有挑战性的目标，OKR 对于员工的内在激励也会大大削弱。

如果 OKR 制定的科学合理，企业管理者不仅能够通过员工的 OKR 完成情况了解员工的工作能力和潜力，还可以通过整体 OKR 的实施情况分析出 OKR 是否适合本企业、是否能够推动企业的快速发展。但如果员工设定了相对简单的 OKR，企业管理者就无法通过 OKR 了解员工的真实能力及潜力，也无法准确地判断 OKR 是否适合企业的发展。

OKR 的评估结果与绩效之间最好的关系应该是松散且关联的，OKR 的评估结果不应与绩效挂钩。如果将 OKR 评估结果与绩效挂钩，那么对于员工而言，OKR 就会变成一种能够实现升职加薪的数字目标，而这也就失去了 OKR 对于员工的激励意义。

6.3 如何在 OKR 不与绩效挂钩的情况下实现激励

OKR 不与绩效薪酬挂钩也能够实现对员工的激励。OKR 挑战性的目标和公开透明的特性都能够对员工产生激励，这是 OKR 本身的特性之一。此外，企业管理者也可以结合 OKR 适当地设定一些奖励规则，如为 OKR 设置单独的奖项、使员工成为企业管理者的合伙人等。

6.3.1　充分发挥 OKR 的激励特性

OKR 本身的特性就可以很好地起到对员工的激励作用。在实施 OKR 的过程中，把握好实施 OKR 的每一个细节，企业管理者就可以通过 OKR 本身实现对员工的激励。

首先，在员工设定自己的目标之前，企业管理者要帮助员工思考目标的价值。只有深刻地了解目标的价值后，员工的工作动机才更加趋向于内在动机，从而激发自己的工作潜能。

这也就是说，员工设定的目标一定要有挑战性，企业管理者可以帮助员工明确目标的价值，鼓励员工设定出具有挑战性的目标。同时，只有设定了具有挑战性的目标，员工才有可能设定出具有挑战性的 KR。

其次，制定了具有挑战性的 OKR 之后，在 OKR 实施的过程中，企业管理者也要实时更新 OKR 的进度，让员工看到自己的贡献。企业管理者可以通过召开会议、促进员工间协助等方式实现员工之间的互动，让员工对其他员工、部门及企业目标的动态有实时的了解。

工作上的进步、工作目标的实现等可以提升员工工作的信心和成就感，从而对员工起到激励作用。

最后，挑战需要氛围，企业的工作氛围营造十分重要。企业管理者可以挑选出一些具有主动性和积极性的员工，发挥他们的带头作用，带动整个公司的良性氛围。

为了强化 OKR 的激励作用，也为了保证激励作用的持久性，企业管理者可以针对 OKR 完善企业文化，用企业文化保持长久的工作氛围。具体表现就是企业管理者可以根据 OKR 建立企业的十大信条。

例如，谷歌的十大信条如下。

（1）以用户为中心，其他一切自然水到渠成。

（2）专心将一件事做到极致。

（3）越快越好。

（4）网络上也讲民主。

（5）信息随时随地可得。

（6）赚钱不必作恶。

（7）信息无极限。

（8）信息需求无国界。

（9）认真不在着装。

（10）追求无止境。

十大信条不是企业管理者一个人制定的，而是企业或团队全员制定出来的，十大信条里融合了全体员工的智慧。企业管理者在与员工制定十大信条时，可以依据步骤让员工思考以下 3 个问题。

第一，审视自己过去 OKR 完成的进展，存在哪些影响 OKR 顺利进行的因素？

第二，假如自己心目中最优秀的人来完成自己的 OKR，他会怎么做？

第三，在当前的条件下，为了推动 OKR 更好地实施，我还能做些什么？

企业管理者可以收集员工在 OKR 实施过程中出现的问题或建议，整理一份 OKR 解决办法列表。然后再通过全员投票的方法挑选出其中得票率最高的十条内容，便可以成为企业或团队 OKR 的十大信条。

这十大信条可以出现在多种场合。例如，在表彰优秀员工时，企业管理者可以向其他员工讲解这些优秀员工与哪些信条是吻合的，以起到强化效果。多次的讲解宣传会加深员工对于十大信条的记忆和理解，十大信条对其工作也会有一种潜移默化的影响。

在 OKR 实施的过程中，挑战性的目标、实时更新的工作进度和良好持续的工作氛围都能够强化 OKR 对于员工的激励作用。企业管理者可以从以上 3 个方面入手，充分发挥 OKR 的价值。

6.3.2　设置单独奖项

在 OKR 实施的过程中，为了强化 OKR 对员工的激励作用，企业管理者可以为 OKR 设置单独的奖项，用来鼓励那些 OKR 完成优秀的员工。在 OKR 的推动方面、团队协作方面、鼓励责任承诺和鼓励创新突破方面，企业管理者都可以设置不同的奖项。

1. 鼓励 OKR 推动的激励奖项

在企业刚刚引进 OKR 时，为了推动 OKR 的落地应用，企业管理者可以设置一些奖项。可以在季度或年度 OKR 结束时评估员工的工作并为员工颁发这些奖项。

（1）OKR 大使奖

OKR 大使用来奖励那些 OKR 完成十分优秀的员工，这些员工需要具备以下因素：OKR 目标具有挑战性；积极更新并分享 OKR 进度；积极分享 OKR 实施过程中的技巧和经验；能够辅导其他员工制定 OKR。

（2）OKR 优秀团队奖

获得 OKR 优秀团队奖的团队需要具备以下几个方面的特征：部门 OKR 完成优秀；部门目标具有挑战性；部门团体员工都参与 OKR 并贡献出自己的力量；部门能够定期跟踪 OKR 进展，能够及时召开周例会等会议。

2. 鼓励团队协作的激励奖项

企业实施 OKR 的最终目的是实现企业层级的目标，在推动企业目标实现过程中，团队间的协作是十分重要的。因此，企业管理者有必要设置鼓励团队协作的奖项，使员工对团队协作引起重视。

（1）团队协作奖

在季度末或年度末，企业管理者也需要对在 OKR 实施过程中表现突出的团队做出奖励。企业管理者可以设计团队协作奖来奖励 OKR 完成优秀的团队。在具体的奖金分配上，企业管理者可以设置部门奖金池，将个人 OKR 完成情况与部门奖金挂钩。

（2）全员认可奖

针对员工设计的全员认可奖也可以鼓励团队间的协作，在设置全员认可奖时，企业管理者需要制定以下内容。

企业管理者需要设置专门的“勋章”，每个员工每个月发放 10 枚勋章。这 10 枚勋章有何规则？员工的勋章只能赠送给其他员工，是员工对在工作中帮助过自己的员工进行的积极反馈。同时，员工每月没有送出的勋章将被清零。员工赠送勋章的过程是公开透明的，员工必须在公开的记录表上填写赠送的理由。

企业管理者需要为勋章设置 PK 榜，根据员工勋章的数量评出“季度之星”“年度之星”等。同时，获得“季度之星”和“年度之星”的员工可以使用自己的勋章兑换相应的奖品。

3. 鼓励责任承诺的激励奖项

在 OKR 实施的过程中，当员工、团队的工作取得突破性进展时，企业管理者也需要对其表示奖励。这种鼓励责任承诺的奖项可以按月度发放。

（1）个人优秀奖

个人优秀奖可以是结合员工的个人需求而给予其的个性化奖励。个人优秀奖不一定是钱，也可以是假期、数码产品、运动装备等物品。这种奖励更加人性化，能够让员工感受到公司对自己的关注和关爱。

（2）团队庆功奖

在 OKR 实施过程中，在团队的 OKR 工作取得重大进展后，企业管理者可以通过组织团队活动为团队员工庆功。团队活动的形式是多样的，可以是团队聚餐、团队旅游等。

4. 鼓励创新突破的激励奖项

OKR 鼓励员工不断挑战，企业管理者也可以设计鼓励团队或个人的创新奖项。这种奖项的鼓励必须是及时的，要能够满足员工的心理预期。

（1）OKR 优胜项目奖

获得 OKR 优胜项目奖的项目要具有挑战性和创新性。项目的挑战性体现在比预期时间提前完成或项目结果标准提升等方面。

（2）OKR 创新突破奖

OKR 创新突破奖是奖励给实现创新突破的个人或团队的。在个人或团队研发出创新产品时，企业管理者可以为个人或团队发放 OKR 创新突破奖。

OKR 强调的是对员工内在动力的驱动，为 OKR 设置奖项，通过适当的物质奖励，能够强化 OKR 对员工的激励效果。在设置 OKR 奖项时，企业管理者可根据自身企业的实际情况选择 OKR 的类别。

6.3.3 分配部分股权

OKR 可以识别出具有潜力、勇于挑战、工作能力强的优秀员工，企业管理者可以在 OKR 评估的基础上，结合员工的职务、工龄等因素，从中选择出一些优秀员工，为其分配部分股权，使其成为企业的合伙人。

为优秀员工分配股权是一种长期激励的方式，有两方面的好处：一方面，为员工分配股权是对于优秀员工的长期激励，能够长期激发员工工作潜能；另一方面，为员工分配股权能够促使优秀员工在设定自己的目标和关键结果时更加靠近企业的目标和关键结果，促使员工将自己的目标更加聚焦于企业的目标。

企业管理者在识别可以分配股权的优秀员工时，可以分析员工的 3 个要素，即工作贡献、员工工龄以及员工职务，如图 6-2 所示。

图 6-2　分析优秀员工的 3 个要素

首先，通过员工 OKR 完成的情况来分析员工的工作贡献是企业管理者挑选优秀员工的主要依据。OKR 完成情况能够显示出员工的工作能力、创新能力和勇于挑战的品质，这些都是推动企业发展的重要因素，因此，对于这样的员工，企业管理者可以为其分配股权。

其次，除了员工的工作贡献外，企业管理者在为员工分配股权时，还需要考虑员工的工龄。员工工龄的长短是衡量员工稳定性的重要因素。

一般而言，工龄越长的员工对公司业务也会更加熟悉，工作效率也会越高，他们在 OKR 实施过程中所做的贡献也会越多。很多工龄长的员工是在企业创业之初就已入职的，他们的付出支撑着企业的发展，而且工龄越长的员工，越能说明他们对企业有着很强的认同感。假如企业管理者再给他们分配相应的股权，会让他们更有归属感，也会为企业持续创造价值。

而对于一些工龄过短的员工，企业管理者难以判断其稳定性，因此不能随意为其分配股权。在分配股权方面，企业管理者可以设定一个界限，如员工工龄满三年的员工才可参与股权分配。

最后，企业管理者在为员工分配股权时还要考虑员工的职务。员工的职务越高，其承担的风险也就越大。职务高的员工应该分得更多的股权，假如对高层级员工与普通员工施行一样的分配标准，很难起到激励作用。因此，员工职位的高低也是企业管理者在为员工分配股权时需要考虑的因素。

总之，企业管理者若将分配股权作为 OKR 的激励方式，员工在 OKR 实施的过程中所做的贡献是企业管理者考虑的主要因素。此外，员工的工龄和员工的职位都是企业管理者在进一步分析员工时需要考虑的影响因素。同时，企业管理者在 OKR 中实行股权激励时，一定要在 OKR 实施之前就制定好完善的激励制度，让员工了解激励的规则，做到公开透明。

第 7 章

复盘：OKR 绝对不是一次性项目

OKR 不是一个一次性的项目，并不是一次 OKR 实施完成后就结束了，每一次的 OKR 对于之后的 OKR 都有重要的指导意义，因此对 OKR 进行复盘是非常必要的，复盘能够发挥 OKR 更大的价值。

企业管理者可以在 OKR 实施的结尾召开会议对 OKR 进行复盘。在对 OKR 进行复盘时，企业管理者要清楚 OKR 复盘的具体步骤，了解如何提升复盘的质量。

7.1 复盘的四大步骤

复盘本为围棋术语，指围棋对局结束后，复演对局的记录，以检查对局中优胜与失败的关键点和对局双方的优劣势。后来，复盘行为也体现在企业管理过程中，管理中的复盘是指从以往的工作中总结经验和教训，以便对企业以后的工作产生更加科学的指导。

OKR 的复盘可以分为 4 个步骤，即回顾 OKR 的目标、判断 OKR 的结果、分析 OKR 完成或是未完成的原因以及对 OKR 进行最后的归纳总结。复盘的每一个步骤都是十分重要的，复盘的每一个步骤都是进行下一个步骤的依据，而对于复盘的归纳总结是整个复盘活动的精华。通过复盘总结经验能够为之后的 OKR 提供经验，促使之后 OKR 的制定和实施更加科学合理。

7.1.1 回顾目标：理清最初的目的

复盘流程的第一步就是回顾 OKR 最初的目标。回顾 OKR 的目标是为了让参与复盘会议的人做到胸中有数，让他们明白会议的主题，同时了解了 OKR 最初的目标才能够对 OKR 的完成情况做出准确的评判。

在复盘会议的开始，企业管理者要引导员工思考并讨论以下 4 个问题，以帮助员工回顾 OKR 最初的目标。

（1）OKR 是如何从提出到立项的？

（2）OKR 想要实现的目标是什么？

（3）最初的 OKR 计划是怎样的？

（4）对于 OKR 预期的风险和应对措施是怎样的？

以上 4 个方面是复盘会议中企业管理者需要带领员工回顾的。了解实施 OKR 的初衷、OKR 的最初目标、由此产生的 OKR 计划和风险应对措施等能够全面地对最初的 OKR 进行梳理，从而使员工更加明确 OKR 最初的目标。

在 OKR 实施过程中，可能会因为环境的变化、工作侧重点变化等因素导致 OKR 偏离初衷。所以，在对 OKR 进行复盘时，企业管理者需要带领员工回顾 OKR 实施最初的目标。

7.1.2　判断结果：与最初的目的进行比较

在回顾完 OKR 最初的目标后，企业管理者需要对照最初的目标和现在完成的目标，分析两者的差距和差异。同样，企业管理者需要带领员工讨论以下 4 个问题：

（1）OKR 最初的目标有没有实现？

（2）OKR 最初指定的计划是如何执行的？（包括进度计划、成本计划等）

（3）此前对于 OKR 的风险预期是否准确？针对风险的应对措施是否有效？

（4）OKR 实施过程中的哪些问题是意料之外的？有什么影响？发生的原因是什么？

将 OKR 最初的目标和最后实现的结果进行对比，企业管理者就能够发现两者之间的差别。最初目标和最后结果的对比，可能会产生以下 4 种结果。

第一种：最后结果和最初目标一致，OKR 完成了之前所设定的目标。

第二种：最后结果超越了最初目标，OKR 的完成情况比最初的目标要好。

第三种：最后结果没有达到最初目标，OKR 完成情况比最初的目标要差。

第四种：最后结果中出现了最初目标中没有的工作，是在 OKR 实施的过程中新添加进来的。

OKR 的完成情况可能会存在以上 4 种结果，对比最后结果和最初目标不仅是为了发现差距，更是为了发现问题。对于最后结果和最初目标之间的差距，企业管理者要思考的是为什么会这样？

7.1.3　分析原因：兼顾主观和客观

在找到最后结果和最初目标的差距后，企业管理者接来下的工作就是分析原因。在分析原因时，企业管理者需要引导员工思考并讨论以下 3 个问题。

第一个，OKR 的最初目标没有实现的原因是什么？（可以从主观和客观两个方面分别分析。）

第二个，风险应对措施效果不好的原因是什么？

第三个，为什么有些在 OKR 实施过程中产生的问题未被提前识别为风险？

如果 OKR 的最后结果完成了 OKR 的最初目标，企业管理者也要引导员工思考并讨论以下 2 个问题。

1. OKR 最后结果达到最初目标的原因是什么？

2. 促进 OKR 最初目标顺利实现的有利因素中，哪些是具有普遍性、能够将成功的经验应用于之后的 OKR 中的？

这些问题是针对全体员工的，全体员工都要站在自己的立场上对这些问题进行自我剖析。产品部门经理可以从部门管理的角度来剖析。人力资源部门经理可以从管理制度的角度来剖析。基层员工可以从自身业务规划的角度来剖析。

在倾听员工的自我剖析时，企业管理者要分析员工的自我剖析是否客观。同时，对于员工的自我剖析，企业管理者也要从中总结出哪些问题是员工自身导致的，哪些是客观因素导致的。

通过分析影响 OKR 目标顺利实现或促使 OKR 目标顺利实现的主观原因和客观原因，企业管理者能够对 OKR 实施的整个过程有更全面的认知。同时，企业管理者还可以在员工的自我剖析和自己的分析中对部门或员工的优缺点有更深刻的了解。

7.1.4 归纳总结：总结经验，吸取教训

在复盘会议的最后，对复盘会议的归纳总结是十分关键的一步。复盘会议的回顾目标、判断结果、分析原因、归纳总结等步骤都是为最后的归纳总结服务的。归纳总结是对整个复盘会议的回顾，而分析原因得出的那些结论是企业管理者在进行归纳总结时需要重点回顾的内容。

复盘得出的结论必须是可靠的，企业管理者可以从以下 4 个方面来分析结论的可靠性。

1. 复盘结论是否是通过偶发性因素得来的?

如果复盘结论是通过偶发性得来的，那就是错误的结论。如果复盘结论没有经过逻辑的验证，这样的复盘结论就是不可信的。

2. 复盘结论针对的是人还是事?

如果复盘结论是针对人的，那可能说明这个复盘结论是不准确的。因为复盘结论是规律性的认识，而人是各不相同的。如果复盘结论针对的

是事，那么复盘结论会更加体现出规律性。这个“事”不仅指某件具体的事，更包括人之外的事物。可靠的复盘结论不是针对人，而是从事物的本质去分析。

3. 复盘结论是否经过连续的追问?

对于复盘得出的结论，企业管理者至少要进行 3 次以上的连续追问。如果企业管理者没有进行追问或者追问的次数不够，就可能会导致复盘结论是浅显的，也会使企业管理者抓不住问题的根本原因。而对复盘结论进行追问，有利于企业管理者通过分析问题之后找到准确的答案。

4. 复盘结论是否经过了交叉验证?

正如法律上的“孤证不能定案”，交叉验证也可以为复盘结论的可靠性提供保障。除了从因果关系方面来验证复盘结论外，企业管理者还可以通过其他案例对复盘结论进行佐证。在选择佐证的案例时，所选的案例应该是同行业的类似事件。

对复盘会议的归纳总结并不是总结完就结束的，企业管理者还需根据归纳总结的结论对此前 OKR 实施过程中出现的各种问题制定改进方案。制定 OKR 的改进方案不是对其中某一个问题的改进，而可能是一系列、系统的改进方案。

在制定 OKR 的改进方案时，由于方案的复杂性，企业管理者可能不能在复盘会议上制定出完善的改进方案。同时，在改进方案的细化上，企业管理者需要与不同的部门负责人沟通交流。因此，关于 OKR 的改进方案，企业管理者可以在复盘会议后逐步完善。

复盘会议的整个过程都需要企业管理者请专门的负责人进行记录并整理归档。在 OKR 改进方案的落实方面，企业管理者也必须确定专门的负责人。在 OKR 改进方案的实施过程中，对改进方案的监督也是很有必要的，企业管理者需要严格监督复盘改进方案的执行力度，保障信息传达的畅通性，确保 OKR 的改进工作能够落实，从而提升 OKR 复盘的有效性。

对于 OKR 复盘中存在的问题，企业管理者都需要在下一次 OKR 复盘时对其进行重新审视，确认这些问题是否解决，从而分析之前的改进方案是否有效。企业的 OKR 也会在持续的改进中实现优化和迭代。

对 OKR 复盘进行归纳总结是企业实施 OKR 时不可缺少的一部分。一场成功的复盘能够对 OKR 的制定和成果进行高质量的归纳总结，对企业管理者的决策和企业的发展方向有很关键的指导作用。

7.2 如何提升复盘的质量

企业管理者在进行复盘时还要思考如何能够提升复盘的质量。在 OKR 复盘阶段，管理者需要有自我审视反省的时间并且要在保持企业目标不变的情况下调整 KR。

7.2.1 每个季度都要保持自省

浙江一家电商企业的企业管理者在进行 OKR 的定期复盘时，发现该季度的客户满意度下降明显。企业管理者随后针对这一问题进行调查，同时对 OKR 的每个环节进行反思，终于发现问题。

原来在季度中旬，该电商企业开展了一场产品的促销活动。在活动期间，客服部门电话接通率比较低，企业管理者经过数据分析，发现活动期间客服部门电话的接通率只有 20% 左右，而在非活动期间客服部门的电话接通率也仅为 60%。

了解了这一问题后，该电商企业的管理者随后调整了客服部门的 OKR，将使电话接通率达到 90% 作为客服部门的目标之一，客服人员也根据这一新目标设定自己的“KR”。经过一段时间的改善，客服人员的电话接通率有了明显的提高，客服人员的电话接通率达到 90%，同时，客户的满意度也实现了上升。

在 OKR 实施的下一个季度中，客服部门的电话接通率问题被解决了，但企业管理者发现客户的满意度虽有所提升却还是没有达到理想的水平。在 OKR 的复盘会议中，企业管理者又对业务的整个流程进行反思，发现客服人员的服务态度虽然很好，但是客户所反映问题解决的效率却很低。

服务态度并不能从根本上提升客户的满意度，了解这一点后，企业管理者又为客服部门设定了“将顾客问题解决率提升至 95%”的目标，这使得客服部门的工作变成以“解决问题”为导向，在这个目标的要求下，客服人员精简了不必要的“KR”，将“KR”的设定转移到“解决问题”这一目标上来。经过一段时间的改善，客户的满意度终于达到了理想水平。

在以上案例中，该电商企业在提升客户满意度方面进行了两次自省，自省也是企业管理者发现问题的关键。企业保持自省能促进企业管理流程和业务流程的优化以及目标的实现。

在进行 OKR 复盘时企业管理者可以借此机会对 OKR 的目标、流程等进行自省，能够帮助企业在发展的道路上少走弯路。通过在 OKR 复盘中自省整个 OKR 的实施，企业管理者能够从各方面不断对 OKR 进行调整优化，提高员工处理业务的效率和企业的运行效率，逐步完善和优化企业的管理流程和业务流程，最终推动企业目标的实现。

7.2.2 奥卡姆剃刀定律与 OKR

奥卡姆剃刀定律也称“奥康的剃刀”，奥卡姆剃刀定律要求“如无必要，勿增实体”，体现的是简单有效的原则。企业管理者在进行 OKR 复盘时，为提升复盘的质量，企业管理者就需要把握奥卡姆剃刀定律对 OKR 进行精简。

将奥卡姆剃刀定律运用到 OKR 复盘中，可以使企业的管理更加简洁高效。其实也可以说 OKR 就是企业的奥卡姆剃刀，是帮助企业过滤掉无用的程序和形式主义，只将企业的目标和关键成果筛出来，让 OKR 成为企业发展最强有力的辅助手段。

在企业引进 OKR 的新形势下，奥卡姆剃刀定律要求企业管理者对其管理做减法。这种减法表现在两个方面：一方面要精简 OKR；另一方面要重视 OKR 中除了评估以外的关键要素。

在企业实施 OKR 过程中，各层级企业员工需要的是引导而不是约束，虽然约束能够减少出错，但约束同样也会限制企业员工的发展。另外，在共享经济时代的背景下，OKR 要求企业执行战略要简单明了，突出重点，要让员工能用最短的时间来熟悉企业的 OKR 决策和特性。

许多管理体系随时代的发展已经不再适应企业的需要，这就需要企业管理者对于企业自身的管理体系进行周期性完善和简化，使之不断适应企业和员工的需求。

奥卡姆剃刀定律对 OKR 提出了更高要求。例如，企业管理者如果无法从几个目标中找出最具突出价值的那一个目标，那就只能几个目标都实施，用实际结果来检验。但是，奥卡姆定律要求凡事做好准备，选择出最佳方案，使企业上下能够以最快的速度展开 OKR 的实施。

因此，在进行 OKR 复盘时，企业管理者需要从奥卡姆剃刀定律的角度来思考以下几个问题，比如企业接触的信息是否过于繁杂？所使用的各种流程、各种指标、各种报表，是否必要有效？以此为基础实施的 OKR 是否能够高效率、高质量地提升企业的执行战略能力？

如果这些答案是否定的，这时企业管理者就需要思考如何才能够实施真正有效的 OKR。从奥卡姆剃刀定律的角度来说，这一问题的答案就是对 OKR 体系做减法。

减法也体现在 OKR 的评估方面。企业管理者在对企业员工进行评估时要抓住重点，比如把员工的可量化 KR、对企业目标的认同等作为主要的评估，删掉此前一些作用不大的旁支，可使评估更加轻松且有效。

奥卡姆剃刀定律要求企业管理者对 OKR 做减法，使其简单准确，将 OKR 复盘与奥卡姆剃刀定律结合，可以有效精简 OKR 在实施过程中产生的不必要的流程，有利于推动 OKR 的高效实施。

第 8 章

OKR 落地：如何迎接挑战

企业实施 OKR 的优势是巨大的，华为、知乎等企业实施 OKR 也取得了很大的成效，再加上一些企业进入了发展的瓶颈，越来越多的企业管理者开始将目光聚焦在 OKR。许多企业都在积极地拥抱 OKR，希望能够通过 OKR 激发出企业发展的活力，推动企业快速发展。

但是，实施 OKR 并不是一件容易的事，不同类型的企业内部的环境不同，其实施 OKR 面临的挑战和应对方法也不同。除了企业本身之外，OKR 的实施对于企业管理者、HR 人员和基层员工都有不同的挑战，企业管理者在重新认知自己身份的同时，也要帮助 HR 人员和基层员工做好应对 OKR 的准备。

8.1 企业应该如何迎接挑战

OKR 的实施不是千篇一律的，它需要与企业组织结构、具体业务等进行深入融合。不同类型的企业在实施 OKR 时会面临着不同挑战，企业也需要结合自身的特点来制定迎接 OKR 的方法。创业公司和传统大公司在迎接 OKR 的挑战方面有很大的不同。

8.1.1 创业公司如何迎接 OKR 的挑战

创业公司规模较小，存在事务繁杂、资金缺乏等问题，同时创业公司在发展过程中的风险和压力也很大。创业公司实施 OKR 的挑战来自方方面面，企业管理者在各方面都要做好相应的应对方案。

首先，创业公司的琐事较为繁杂，员工也可能是身兼数职，由于公司正处于发展的起步阶段，员工工作内容的技术含量也会低于传统大公司。比如，员工需要反复改进产品、接听和拨打用户电话等，员工的工作是相对琐碎的。

对于员工的这种工作现状，企业管理者应该如何制定 OKR？企业管理者需要分析员工每一项工作的目的，通过对目的的分析将一些琐碎的工作汇总起来。例如，改进产品、接听和拨打客户电话等工作都会实现

“改进产品，提升客户满意度”这个目标。通过分析目标与汇总工作事项，企业管理者就可以为员工的工作进行分类。

明确目标之后，企业管理者还要思考目标是否与公司的发展战略相匹配。同时，在思考如何实现目标时，企业管理者需要对员工的工作进行完善并有针对性地为员工分配任务。企业管理者如果能够做到以目标为中心逐步细化目标任务工作，就能够充分调动每一位员工的积极性，因此，OKR对于创业公司而言是有用的工具。

其次，每一位企业管理者都希望公司能够发展壮大，但是企业发展过程中存在诸多风险，对于创业公司更是如此。创业公司面临资金断裂、市场环境变化、同行间竞争等方方面面的风险，很多创业公司都难以活过一年。

既然公司未来的发展难以确定，企业管理者就应该采取更加积极有效的OKR管理方式。创业公司的员工在工作中更有拼搏的勇气、更有挑战自我的意愿，企业管理者在公司内实施OKR能够激发员工工作的积极性和创造性，推动公司快速成长，只有公司快速成长，才能更好地面对未来的风险。

再次，创业公司往往存在资金紧张的问题，在员工的薪酬福利方面，创业公司没有较强的吸引力。同时，由于资金缺乏，企业管理者在实施OKR时不建议用设置奖金的方式来激励员工工作。

在对员工的激励方面，企业管理者可以充分发挥OKR自身对员工的激励作用。挑战性的目标、公开透明的OKR实施过程都可以对员工起到很好的激励作用。

最后，创业公司的生存压力很大，这会让员工的工作同样存在很大压力。除了面对未来许多未知的风险，创业公司若想生存还需要不断地获得发展，这无疑加大了员工的压力。

在这种压力之下，企业管理者在制定 OKR 时一定要更加包容，要通过自下而上的方式倾听员工的想法，同时 OKR 的制定也要反映出员工的诉求。企业管理者要通过实施 OKR 让员工增强归属感，缓解员工的焦虑。

此外，创业公司在实施 OKR 时，为了 OKR 能与公司的发展现状更好地结合，企业管理者在制定 OKR 时，还需要注意以下两点。

1. 制定较为模糊的目标

企业管理者需要制定较为模糊的目标，为员工的工作指明方向即可。创业公司的发展不稳定且容易受到外部环境变化的影响，因此，对于创业公司来说，模糊的目标更为合适。

2. 不将 OKR 与绩效考核挂钩

实施 OKR 的重要价值在于对员工内在驱动力的激发，因此企业管理者在实施 OKR 时应更加关注员工 OKR 对员工的激励和员工的成长，不要太在意员工 OKR 评估的分数。

总之，创业公司在实施 OKR 时，由于创业公司在未来风险和企业生存方面存在的巨大压力，其更需要通过实施 OKR 来充分激发员工的潜力。创业公司在实施 OKR 时，一定要注意增强员工的参与感和归属感，只有员工认同了 OKR，OKR 的实施才会更加顺利。

8.1.2　传统大公司如何迎接 OKR 的挑战

在时代的发展下，外部快速变化的市场环境对企业的发展提出了更加严苛的要求，而 OKR 作为能够激发企业活力的有效工具也逐渐被应用到传统大公司里。传统大公司的规模一般都较大，企业内部部门与业务众多，层级复杂，企业对员工的管理也较为严格，在实施 OKR 时，传统大公司面临着诸多挑战。

那么，传统大公司应如何迎接 OKR 的挑战？为了顺利推动 OKR 的实施，传统大公司需要在以下几个方面做出改变。

1. 建立扁平化的组织结构

传统大公司的组织结构从总经理到员工一般为 5 ～ 6 层，此外还有子公司与母公司关系。复杂的组织结构对于企业对外部信息的相应速度、内部信息的传递而言都是一个十分严峻的挑战。而传统大公司建立扁平化的组织结构，不但能够解决此前公司中存在的问题，同时也是传统大公司实施 OKR 的必然要求，扁平化的组织结构有利于 OKR 的分解和各层级目标的聚焦。

2. 建立利益与风险共享的激励机制

传统大公司在实施 OKR 时，为了更有效地激发员工的潜力，需要建立利益与风险共享的激励机制。简单来说，就是企业可以将股权分配与 OKR 激励挂钩。

将股权分配与 OKR 的激励机制挂钩后，员工的眼光就会更加聚焦于企业的发展，利益与风险共享才能从根本上解决团队激励问题。这能够使员工在目标的设定上更容易达成一致，也会激发员工进行协作的主动性，更有利于 OKR 目标的达成。

3. 建立敏捷精英团队

传统企业人员众多，如果在实施 OKR 的过程中做不好人员的分配，就难以保证员工间的公平性。为了保证员工间的公平性，同时充分发挥每一位员工的能力和潜能，企业有必要建立敏捷精英团队。

以软件开发为例，一个开发团队只需要 6 名员工，就能够完成设计、研发、测试等工作，如果这个团队中有一名员工存在工作能力问题或出现团队协作不畅等问题，都会导致团队无法完成任务，团队的问题就会立刻被发现。同时，因为团队规模小，每名员工对于团队的运作来说都是十分重要的，团队也能够实现高效合作。

4. 项目化运作的能力

实施 OKR 之后，传统大公司不会再“按部就班”地运营了，每个部门的工作都是一个个不同的项目。如人力资源部门负责的“领导能力提升”是一个项目，产品部门的研发新产品也是一个项目。

在这些项目的解决中，为了保证项目顺利、高效地被解决，不同部门资源的及时配合是十分重要的。传统大公司需要具备较强的项目化运作能力，这要求其要废除以往作用不大的、烦琐的管理流程，将管理流程进行精简。市场的变化是迅速的，只有具备较强的项目化运作能力才能更好地、有针对性地解决 OKR 实施过程中出现的各种问题，才能够高效地完成 OKR。

5. 结果导向的企业文化

良好的企业文化能够推动 OKR 的顺利实施，OKR 是聚焦于目标的，同时传统大公司也要建立以结果为导向的企业文化。传统大公司往往对员工的控制程度很高，员工工作的每项内容和每个步骤都是被确定的，而在实施 OKR 时，传统大公司就要打破员工身上的这层“枷锁”。OKR 追求对员工的内在激励，因此传统大公司就需要在 OKR 实施过程中弱化对员工的管理，着眼于目标，建立以结果为导向的企业文化。

传统大公司在实施 OKR 时，首先，对自身特点进行分析，改善不利于 OKR 实施的组织结构、团队管理、员工管理等方面的因素。其次，传统大公司要建立适合 OKR 落地的新的组织结构、激励机制和企业文化等。只有存在适合 OKR 实施的环境，OKR 才能够在企业内顺利实施。

8.2　OKR 对企业人员的挑战

当企业实施 OKR 时，每一层级的每一名员工都要准备好迎接挑战。那么，在企业实施 OKR 时，OKR 会对企业管理者、HR 人员和基层员工带来哪些挑战？企业管理者、HR 人员及基层员工又将如何迎接挑战？

8.2.1　对企业管理者的挑战

在 OKR 实施过程中，企业管理者面临种种挑战。企业管理者的难点在于如何在 OKR 实施过程中，为员工提供帮助使其 OKR 工作进展顺利。

在 OKR 实施过程中，为确保员工的工作能够顺利开展，企业管理者需要做好以下 3 种角色，如图 8-1 所示。

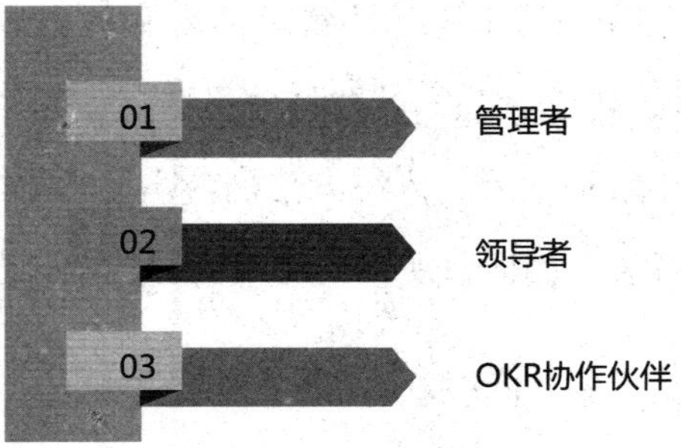

图 8-1　OKR 实施过程中企业管理者的 3 种角色

1. 管理者

企业管理者在 OKR 实施过程中首先是一个管理者，企业管理者需要对员工的 OKR 进度进行追踪，对 OKR 的实施节点进行把控，在员工的工作脱离轨道时，企业管理者要及时帮他们纠正错误。同时，企业管理者还要懂得激励员工，提高他们的工作效率。

2. 领导者

企业管理者也是员工开展 OKR 工作过程中的领导者。人们都会把自己的上司称为自己的领导，这并不只是职位概念，更重要的是企业管理者行为方式的表现。

企业管理者的领导职能通常体现在以下两个方面。

一方面，企业管理者对于已有的资源进行计划、组织和控制。企业管理者作为领导者要进行资源分配以协助员工的工作。

另一方面，企业管理者的影响力，例如威信力。企业管理者的影响力对员工的工作有积极的推动作用，能够激发员工的内在动力。

3. OKR 协作伙伴

就团队 OKR 来说，团队负责人与员工是共同合作完成 OKR 的关系，团队负责人引导员工更好地完成工作，员工完成 OKR 也实现了团队负责人的 OKR，双方共同努力，团队才会更好地发展。团队负责人与员工共同完成团队 OKR 的含义表现在以下 3 个方面。

1. OKR 共同体

团队负责人与员工个人的 OKR 是紧密相关的，团队负责人可以帮助员工更好地开展 OKR，员工 OKR 的完成情况也决定了团队负责人 OKR 的完成情况。

2. 双方平等的关系

团队负责人与员工之间是一种平等协商的关系，团队负责人与员工通过平等对话可以达到更好的沟通效果。

3. 从员工的角度思考问题

共同完成团队 OKR 要求团队负责人从员工的角度思考问题。从员工的角度出发，可以使团队负责人更准确地了解员工的问题所在，帮助员工解决 OKR 实施过程中遇到的问题。

在 OKR 实施过程中，企业管理者应该多以平等对话的方式与员工进行 OKR 进度面谈，着眼于员工的 OKR 辅导和技能提升，促进员工 OKR 的顺利进行。

8.2.2 对 HR 人员的挑战

HR 人员不仅是企业 OKR 的制定者，而且也是辅助 OKR 实施的重要参与者，OKR 的实施也会给 HR 人员带来不小的挑战。

随着 OKR 在企业的引进和实施，企业内部的管理方式在逐步优化，HR 人员的角色也发生了改变，其拥有了 3 种更贴合 OKR 的角色，如图 8-2 所示。

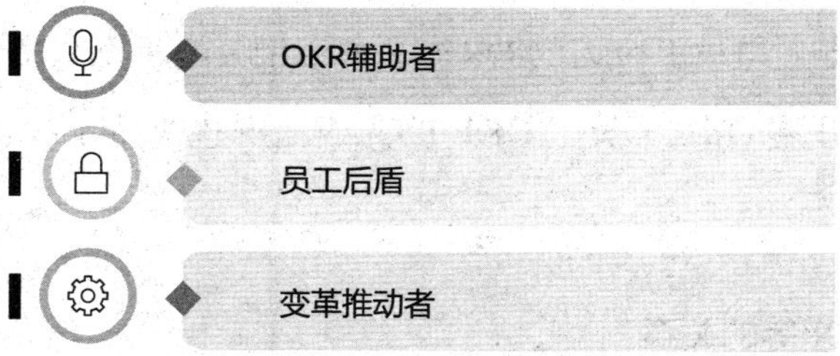

图 8-2 实施 OKR 过程中 HR 人员的 3 种角色

1. OKR 辅助者

在企业实施 OKR 的过程中，HR 人员是重要的辅助者，HR 人员的辅助作用表现在 OKR 制定与实施两个方面。

首先，在 OKR 制定时，HR 会负责制定企业 OKR 的框架。OKR 的框架就是 OKR 在企业内的基本运作模式，包括 OKR 的结构、流程、奖励设置以及人员安排等。在制定好 OKR 的框架后，HR 人员还要对 OKR 的框架进行审查。HR 人员对 OKR 架构进行审查后，如发现某处漏洞或问题，HR 人员也必须承担责任并提供解决问题的方法。

其次，在 OKR 实施过程中，HR 人员在企业上下级员工的沟通方面起着重要的辅助作用。HR 人员需要为 OKR 实施过程中的企业上下级员工的沟通建立合理的沟通框架，同时，在企业上下级员工的沟通过程中，HR 人员也起着重要的辅助沟通作用。

2. 员工后盾

在企业实施 OKR 过程中，HR 人员也会成为员工的后盾。在这个新角色中，HR 人员的职责是为员工提供力所能及的帮助。HR 人员需要为员工安排 OKR 培训，帮助员工理解 OKR。同时，HR 人员还应该在 OKR 会议上为员工发言，为员工提供更多职业方面的帮助等。

3. 变革推动者

如今，由于全球化、技术创新的不断发展，外部环境对企业的发展也提出了更高的要求。只有跟上时代的潮流，企业才会立于不败之地，作为变革推动者的 HR 人员，其职责就是帮助企业应对变革、利用变革。

在企业实施 OKR 过程中，HR 人员是企业管理者的得力助手，同时也是员工的帮手，HR 人员无疑是 OKR 在企业实施的有力推动者。

HR 人员在企业 OKR 的制定与实施中的作用十分重要，同时，HR 人员对于 OKR 的理解与认知也是企业在实施 OKR 过程中的一个关键点。因此，在实施 OKR 之前，企业管理者需要首先组织对 HR 人员的培训，让其深刻了解 OKR 的优势和应用方法。对 OKR 的了解越深刻、越全面，HR 人员就越能发挥自己在 OKR 实施过程中的重要价值。

8.2.3 对基层员工的挑战

肖旭和李然同为一家电商公司的客服人员，两个人的月度 KR 里都有打 100 个电话询问客户是否有意向购买产品的任务。虽说是同样的 KR，但两个人在执行过程中采用的方法却是不同的。

肖旭先是按照客户名单一个个给客户打电话，询问客户的意见，然后记录整理，按照他平常的工作习惯，将客户分为 3 个档次，分别列出强烈意向客户、准意向客户和无意向客户。完成这些工作肖旭花费了 3 天的时间。

而李然没有直接给客户打电话，而是先将这 100 个电话分组为新客户和老客户，再优先给老客户打电话做交流沟通。这样，李然仅花了 2 天时间就详细列出了打电话的结果，同时，他还对这 100 个客户进行了属性分类，以便与公司的业务对接和更深入地挖掘潜在客户。

从肖旭和李然两名员工的表现来看，明显后者的工作能力要优于前者。工作能力不仅体现在任务的完成结果中，也体现在员工的工作方式上。OKR 实施过程中员工能够更大程度地发挥自己的自主性，而这种自主性也直接地反映了员工的工作能力。企业实施 OKR 对员工的挑战就是 OKR 对员工工作能力提出的要求。

从 OKR 的维度来看，员工可以从以下 3 个方面入手推进 OKR 的完成，如图 8-3 所示。

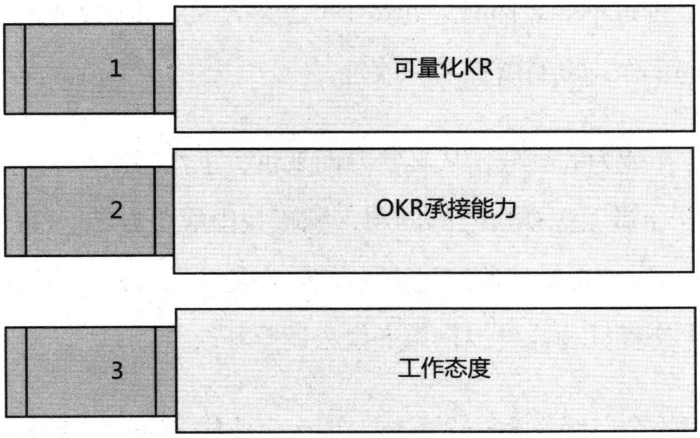

图 8-3　员工推进 OKR 完成的 3 个方面

1. 可量化“KR”

员工的 OKR 一般侧重对具体某一目标的完成情况，其特点是细化、量化和流程化。员工通过履行工作义务，发挥岗位职能，取得一定的关键结果，具体体现在对企业以及部门的贡献中。因此，基层员工要想取得关键结果，就要从 KR 的数量、质量和效率入手，要将具体的可量化衡量的“KR”纳入 OKR 中。这就要求员工明白自己需要做哪些工作，OKR 可以完成到什么程度、对谁负责等。

2. OKR 承接能力

OKR 承接能力强调的是员工对所分解下来的任务的处理能力，包括员工对上一层级 OKR 的分解与承接能力。

3. 工作态度

在企业中，企业管理者常常会遇到这样的情况，有的员工工作能力强，但态度有待改进；有的员工工作态度比较好，但总体业务水平不太好。

是否能直接否定不能兼而有之的员工？当然不能。而 OKR 的好处之一就是让员工的工作态度有所提高和改善。

无论工作能力的高低，从某些方面来讲，工作态度比能力更重要。好的态度可以让员工正视自己的问题，积极找出解决办法，OKR 也就更容易完成。如果 OKR 挑战难度过大，企业各层级可以做出相应的调整，但员工的工作态度往往需要放在第一位去调整和改善。

如果将每个层级作为一个整体，那么企业的各部门员工就是构成这个整体的最小单位，是整个部门必不可少的组成要素，也是 OKR 的具体执行者。从 OKR 维度来看，部门员工应该是整个维度中的最基层，也是作为企业支架的部分。

从企业层级看，理想的基层员工是按时按质按量完成 OKR 任务的，对有挑战度高的目标和关键结果能充分发挥其自身的主观能动性，想办法攻克难关，这也是企业层级对员工的要求。

从基层员工的角度看，他们也有自己想要实施完成的 OKR，一是有野心的目标，二是想要创造性地完成以及在实施 OKR 过程中为企业贡献自己最大的价值力量。

对此，员工可以在完成 OKR 的过程中，尽可能实现这种双向的要求与期待，这是对员工工作能力的考验，也是 OKR 为员工带来的挑战。

第 9 章

经典案例：各大企业的 OKR 进阶之路

OKR 最初由英特尔公司发明，随后被杜尔引入谷歌后谷歌一直沿用至今。随着 OKR 的普及和人们对其了解的加深，越来越多的公司开始引入 OKR，Youtube、Flipkart 等企业都是引入 OKR 的成功案例。

Youtube、Flipkart 等企业都通过引入 OKR 实现了企业的进一步发展。那么，这些企业如何通过引入 OKR 来实现自身发展呢？

9.1 YouTube：实现日均播放10亿小时的“武器”

谷歌是实施 OKR 的先驱，而在谷歌收购 YouTube 后，其也将 OKR 管理体系引入了 YouTube。YouTube 对于 OKR 管理体系的使用也使其实现了飞跃式发展。YouTube 日均播放 10 亿小时的目标在 OKR 的助力下，只用了 3 年时间就实现了，比原计划的 4 年时间提前了一年。

OKR 是如何帮助 YouTube 实现这一个冒险目标的？引进 OKR 管理体系对于 YouTube 来说无疑是一个正确的选择，在 4 年时间里实现日均播放 10 亿小时的目标具有延伸性，能够对员工起到激励作用，这与 OKR 对员工的激励十分吻合，这个延伸目标十分适合与 OKR 结合。同时，OKR 的实施也使得 YouTube 能够思考更加远大的目标，促进 YouTube 的进一步发展。

9.1.1 制定目标，走正确的道路

YouTube 曾为自己制定过一个极具挑战性的目标，即用 4 年的时间实现 YouTube 日均播放达到 10 亿个小时。YouTube 根据这个整体的大目标分解出了每年的年度目标和季度增量关键结果。

为了实现日均播放 10 亿小时的目标，YouTube 是如何设定自己 OKR

的？在 OKR 的实施中，YouTube 采取了 3 个步骤。

首先，YouTube 将阶段目标设定为提升用户的使用总时长。

其次，YouTube 想要找到关于这一目标的具体衡量标准，通过对自身业务的分析找到可以提升潜在增长点，并将这些增长点转换为具体目标。

最后，YouTube 根据自身诉求将 OKR 目标的衡量标准设定为“每分钟为单位计量的流量”。在所有流量中，广告流量的占比是固定的，越高的总流量就意味着更高的用户使用量和更久的使用时长，意味着 YouTube 获得的收益也会越高。

YouTube 具体的 OKR 制定如下：

O：提升每一位用户的观看时长。

KR1：提升每天某一时间段的用户观看时长。

KR2：在 YouTube 客户端推出两个新的操作系统。

KR3：将视频的加载时间降低 ×%。

YouTube 认为，假如这些 KR 都能轻松完成，提升用户观看时长一定能够轻松实现。而如果这些 KR 最终的达成率很低，那就说明 YouTube 在制定下一轮 OKR 时需要做出相应的调整。

YouTube 按季度制定企业 OKR 并开展 OKR 的评估工作。但当在实施 OKR 时，YouTube 也会每周检验并更新 OKR 的进度，监控 OKR 的实施流程。

YouTube 的发展战略是成为电视的替代者，根据其未来的发展战略，YouTube 在阐述这一阶段目标时，其 OKR 内容制定如下。

O：吸引更多的广告客户。

KR1：在平台引进更多的直播内容，使之兼容电视的特性，进而可以替代电视。

KR2：实现网络和电视的紧密结合，建立一套新的娱乐系统。

KR3：积极地与提供独家内容的赞助商建立合作关系。

在 YouTube 完成目标的过程中，OKR 作为一种有效的沟通工具贯穿目标实现的整个过程。每位员工都清晰地了解公司的目标和自己的定位，目标的明确性让员工更加专注，更能发挥自己的力量。

9.1.2 延伸目标更能激励员工

很多人在得知 YouTube 将日均播放 10 亿小时定位目标时都觉得不可思议，认为这是不可能完成的目标。但是在 YouTube 看来这是一个明确的、可延伸的目标，这种具有挑战性的目标更能激励员工。

在制定目标后的第二年，YouTube 所制定的 4 年为限的 OKR 只完成了 1/3。YouTube 制定的目标虽然好，但是完成效率却不高，平台观看的增长水平也达不到原定的 KR。

这一情况也为 YouTube 员工带来了压力，尽管谷歌的总体目标是达到 70% 的延伸目标，即达到日均播放 7 亿小时就可算为成功。但是，

YouTube 并不希望只达成 70% 的目标，而是依旧将日均播放 10 亿小时作为最终目标。

在这样的压力下，YouTube 最后是如何实现目标的？OKR 在目标的实现中起到了重要作用。

OKR 可以作为监管目标进度的工具。在目标完成进度出现问题时，OKR 能够清楚地显示哪个环节出现了问题并将偏离轨道的环节重新拉回正轨。

同时，OKR 的延伸目标更能激励员工。日均播放 10 小时的目标是明确、可衡量并且具有挑战性的。明确的目标能够坚定员工的信念，可衡量的目标能够让员工实时监督自己的工作进度，已完成的目标能够带给员工成就感与满足感，而富有挑战性的目标更能激发员工的斗志。这一切都对员工的工作有极大的激励作用，这也是日均播放 10 小时的目标能够被提前实现的主要原因。

延伸的目标推动了延伸 OKR 的制定，一个个被实现的目标更激发了员工工作的积极性，他们会在被实现的目标中获得成就感并对下一个目标的实现充满希望。在一直被激励的工作过程中，员工能够充分发挥自己的潜能，最终推动目标的实现。

9.1.3　思考更加远大的目标

YouTube 在企业的目标规划上从来没有懈怠过，其一直在思考更加远大的目标。YouTube 在制定目标后的第三年实现了日均播放 10 亿小时的目标后，开始计划升级平台的用户体验项目，根据用户的满意度以及对视频的喜爱程度来推荐视频，衡量用户的“喜欢”和“不喜欢”。

此外，YouTube 还采用人工智能推荐算法，除了推送用户感兴趣的题材外，YouTube 还积极在用户的兴趣阈值内寻找用户兴趣的新领域，使用户接受更多元的文化。为此，YouTube 每分钟都将上传 400 个小时的视频资料来丰富自己的视频资源。

由此可见，YouTube 以观看时间的目标为基础，将这一目标继续深化，目标从视频播放量转移到用户体验上。

为满足用户的需求、提升用户的使用体验，YouTube 在主页上创办了一个突发新闻栏目，主要对权威新闻中的重点新闻进行汇总。此外，YouTube 还积极发展自己的电视流媒体，和 40 多家有线电视合作，发布了一项月费 35 美元的网络电视服务。

截止到现在，YouTube 仍在不断收集新兴的、有意义的视频内容，并积极壮大自己的电视频道矩阵。在 OKR 管理体系的支持下，YouTube 能够思考更加远大的目标，无论其将来确定何种目标，OKR 管理体系都是其实现目标的有力保证。

9.2 Flipkart：“印度阿里巴巴”的 OKR

在利用 OKR 管理体系发展自己这一方面，“印度阿里巴巴”即印度最大的电子商务零售商 Flipkart 也是经典的成功案例之一。通过对其实施 OKR 全流程的剖析，从中便可发现 OKR 对其发展起到的重要作用。

9.2.1　准备阶段：从部门层面入手

虽然电子商务公司现在已经十分常见，但它在互联网企业类型里仍是比较独特的一类。多数互联网企业的组织结构都是十分精简的，属于资产轻量型企业。而相对于其他互联网企业，电子商务公司的组织结构十分复杂。

电子商务公司的业务线很多，有物流、技术、推广等不同类别部门，这使得电子商务公司在企业管理上比其他互联网公司困难很多。想让所有部门配合协调、运作步调一致，就必须选择更加合适的管理方法，这也是 Flipkart 引进 OKR 的原因。

在最初引进 OKR 时，Flipkart 并没有在全公司所有层级范围内实施统一的 OKR，而是在各个部门内部分别实施。即物流部门有一套单独的 OKR，技术部门又另有一套单独的 OKR，推广部门也是如此。

Flipkart 在各部门中单独实施 OKR 是想要明确各部门的资源分配和使用情况，同时也为部门工作规划目标方向。在 OKR 实施初见成效后，它很快被普及到整个公司。OKR 的实施让各部门的工作步调保持一致，也使得公司员工更加聚焦于公司的目标。Flipkart 实施 OKR 的优势表现在以下 3 个方面。

首先，OKR 便于员工理解，Flipkart 员工众多，让每个部门理解其他部门的专业知识是不切实际的。而 OKR 只有目标和关键成果，推广起来会容易很多。其次，电子商务公司业务庞杂，员工注意力难以集中，而 OKR 可以通过层层细分的 OKR 将员工的目标聚焦在企业的整体目标上，使整个企业上下员工工作步调保持一致。最后，OKR 可以对企业资源进行集中配置，实现企业资源的合理配置。

Flipkart 内部组织结构复杂，员工众多，其实施 OKR 十分必要。Flipkart 在实施 OKR 时，并不是直接在整个公司中实施的，而是从部门层面入手，为各部门设定单独的 OKR，在明确 OKR 的效果后，OKR 才在 Flipkart 整个公司中推广实施。

对于企业管理者而言，Flipkart 的做法无疑是一个很好实施 OKR 的方法，当企业管理者想要尝试 OKR 又不确定其是否适合自己的企业时，可以采用在部门试行的方式来试验并确认企业实施 OKR 的可能性。

9.2.2 执行阶段：聚焦于正确的事情

在 OKR 的执行阶段，Flipkart 是这样开展 OKR 的：

（1）Flipkart 向全体企业员工发送了一份备忘录，说明什么是 OKR 以及公司为什么要实施 OKR。

（2）Flipkart 发布了一些 OKR 案例。

（3）Flipkart 召开全体员工大会，针对在整个公司实施 OKR 与员工进行面谈，使员工进一步加深对 OKR 的认识。

（4）Flipkart 要求各层级员工向上级提交个人的 OKR 草案。

（5）Flipkart在不同团队间召开仲裁会议，使不同团队对OKR的制定达成一致意见，并使不同团队明确彼此之间的关系。

（6）Flipkart把OKR的内容发布到企业的内部网站上，使之在企业内部广泛传播，让所有员工了解企业是如何实施OKR的。

（7）Flipkart再次召开全体员工大会，完成OKR的终稿。

在OKR的执行阶段，Flipkart用了3个季度的时间来解决员工在制定OKR时出现的问题，并总结出员工最常遇见的问题是他们不知道如何明确自己真正要做的事情。

那么，Flipkart如何解决这一问题，使员工明确自己真正要做的事情？Flipkart主要做了3个方面的工作。

首先，Flipkart在OKR的落地实施上花费了大量的时间，以确保OKR的制定与企业的发展和员工的工作相吻合。在制定OKR时花费大量的时间是十分必要的，许多企业管理者在推行OKR时都会陷入这样一个误区，即他们只是做了实施OKR表面的事情，却没有深刻地反思制定OKR是否符合企业的发展。OKR的实施具有复杂性，企业管理者必须对OKR流程和企业的组织结构、业务等因素进行充分考虑，才能将OKR合理地嵌入企业管理中。

其次，Flipkart在制定OKR时，十分注重倾听员工的意见和建议。OKR至少有部分内容需要自下而上地展开，自下而上的反馈能够让OKR的制定更加科学合理，同时也能使员工的诉求得到满足。

最后，在 OKR 实施过程中，Flipkart 很注重员工间的辩论。Flipkart 会在员工的辩论中请员工提出建议，不会轻易否定员工的想法，这些都激发了员工的创造性。

OKR 与企业现状贴合程度高、员工意见和建议的满足、员工创造性的激发都有利于员工更准确地把握工作目标或明确自己内心的想法，他们也能够更加聚焦于正确的事情，更好地实现工作目标。

9.2.3 复盘阶段：经验和教训都可成为依据

复盘是 Flipkart 实施 OKR 过程中的重要环节，Flipkart 将 OKR 复盘设置在 OKR 实施过程的中期和末期两个阶段。此外，在 OKR 实施之初，Flipkart 还会召开 OKR 讲解会来帮助员工理解 OKR。

Flipkart 一般实行季度 OKR。在新季度的早期，即季度 OKR 开始实施的阶段，Flipkart 会召开季度 OKR 讲解会，为员工讲解本季度 OKR 的目标、关键结果和实施中的注意事项。

在季度中期，Flipkart 会召开 OKR 审视会并对上半季度的 OKR 完成情况进行评估。通过评估结果，Flipkart 能够明确 OKR 完成的进度并根据完成进度来合理调整员工在下半季度的工作。此外，通过审视评估，Flipkart 也可以发现上半季度 OKR 在实施过程中存在的问题并及时提出解决办法，以确保 OKR 季度目标的实现。

在季度末期，Flipkart 会对整个季度的 OKR 进行评估并进行总结，同时起草下一季度的 OKR。在起草下一季度的 OKR 时，Flipkart 不仅研究企业的发展现状和发展目标，还会吸取此前 OKR 评估中总结的上一季度 OKR 实施过程中的经验和教训，这些经验和教训都可成为下一季度 OKR 制定的依据，能够促使下一季度 OKR 的制定更加合理。

在 Flipkart，OKR 的评估结果与员工的薪酬并无关系，Flipkart 认为，OKR 的重要优势就在于它能够激发员工工作的主动性和积极性，让他们敢于挑战更高难度的工作。而若 OKR 与薪酬挂钩，员工就会为了获得更多的薪酬而降低自己明确目标的标准，不利于员工创造性的激发和企业的长远发展。

9.3 知乎：从知识社区到知识平台

OKR 在互联网公司的落地较为简单，一般而言，互联网公司的员工对目标的自驱力较强、重视自身工作能力和创新能力的提升，也能够较快地接受新的工具。而这也是 OKR 能够在知乎顺利落地的原因。那么，OKR 究竟是如何在知乎落地的？

9.3.1 OKR 要跟公司战略关联且公开透明

一个公司的 OKR 是依据公司的战略制定的，公司的战略里能够分解出公司目标、团队目标和个人目标，OKR 和公司战略的关联很重要。

在分解各层级的目标时，权重是影响目标制定的重要因素。尤其当一个公司的业务很多且流程复杂的时候，如何做取舍是一个难题。换言之，当几条业务线同时进行而资源有限的时候，为这些业务进行排序是非常关键的。

知乎在实施 OKR 时，设定好一个目标后，会接着对这个目标进行量化和细化。设定好目标的量化标准后，知乎会在 OKR 模板中进行备注。同时，对于实现目标的不同路径，从时间到效果等，知乎也会一一进行标注。

知乎在刚开始实施 OKR 时，并没有开发自己的工具。到目前为止，知乎也没有找到最满意的辅助 OKR 实施的工具。原因就在于 OKR 是一个不断变化的过程。知乎实施 OKR 以季度为周期，在 OKR 实施的前两周时会对 OKR 实施情况进行一个检查。如果检查的结果表示 OKR 可行，就会继续实施；如果检查的结果不可行，那么知乎就会立刻放弃这个 OKR。

在工具的使用上，为了实现 OKR 实施过程的公开透明，知乎选择 Google 的工具。知乎把所有的公司目标、团队目标等放在 Google list 上，这个清单对知乎的全体员工是透明的。公开透明是知乎在实施 OKR 时坚持的原则，公司、团队及个人的 OKR 都是公开透明的。

9.3.2 OKR 在知乎的实施过程

知乎在最开始实施 OKR 时，OKR 只是一个 Word 文件，里面只包括公司层级的 OKR。知乎围绕战略设定了 3 个目标，这 3 个目标为团队的工作指明了方向。

这个 OKR 顺利实施的前提是组织结构的扁平化。当时知乎的组织结构较为扁平，一般为两级或三级。如果在组织结构为两级，一旦明确了公司的目标，团队的目标也就十分明显了，扁平化的组织形态便于团队对标公司目标。

在最开始实施 OKR 时，知乎制定 OKR 的周期为一年。团队围绕公司 OKR 开展产品、运营等方面的工作，通过 OKR 来连接其他职能部门。

随着知乎的体量越来越大，职能团队的分工变得更加精细，这时知乎将 OKR 的期限由一年变为半年。随后，在市场环境的驱动下，知乎也在不断地对 OKR 进行调整，最后，知乎将 OKR 的周期定到了季度。

知乎在实施 OKR 时有 3 个进程，分别是实施流程、过程跟进、总结评价。

1. 实施流程

知乎的组织结构比较扁平，打造的是大平台小团队的闭环。小团队是指项目确定后，知乎会为这个项目配备相对健全的职能，而大平台会为团队提供能力和相应的资源。具体来说，OKR 的实施流程分为两个步骤。

第一步是 OKR 分解。公司的管理者会带领所有小团队和大平台的负责人分解公司的 OKR，确定每一个小团队和大平台的工作目标和关键结果。

第二步是讨论。小团队负责人和大平台负责人需要对 OKR 进行充分沟通和讨论。小团队承接的是 OKR 的具体数据，大平台承接的是为小团队提供帮助的能力和资源。在 OKR 实施过程中，小团队与大平台之间的配合、目标进度的统计、资源的分配等是十分关键的，因此二者之间的沟通十分重要。

在小团队与大平台就 OKR 实施过程中的各项细节明确好之后，员工就会开始进行个人 OKR 的落地实施。员工在 OKR 实施过程中具有主动性，在如何进行工作以及工作做到什么程度，员工是比较自由的。

在 OKR 实施过程中，很多细节都是需要员工自己定义，同时，员工需要与团队负责人进行大量的沟通。在 OKR 被明确之前，公司管理者、团队负责人、员工各层级之间都要进行充分的沟通，最后将最终的 OKR 以文字的方式确定下来。

2. 过程跟进

在 OKR 的过程跟进中，知乎会实时更新目标或 KR 的进度，这能让员工清楚地了解某一个 KR 是不是还在围绕 O 运转。如果在 OKR 实施过程中，某一个 KR 被替换了，知乎也会对新加入的 KR 进行跟进，确保 KR 正常地围绕 O 进行运转。

3. 总结与评价

知乎对于 OKR 的评价是由员工自己完成的，由团队负责人做一个最终的汇总。知乎不会太过关注员工 OKR 的评分，其更关注的是评估后对于 OKR 的思考。OKR 完成的目标并非全是结果，在 OKR 评估过程中引发的思考也是知乎重点关注的部分。

除了目标管理之外，OKR 也是很好的沟通工具。在目标管理方面，

OKR 可以实现各层级目标的层层承接，而 OKR 的内核也是沟通工具，透明目标的设定，能够让小团队和大平台之间实现有效地连接。

同时，OKR 的制定也会促进团队与员工间、员工与员工间的沟通。在沟通过程中，彼此都要明确自身的 OKR，同时要保证 KR 是围绕 O 展开的。

通常员工每两周会和团队负责人沟通一次，与团队负责人沟通 OKR 的进度，并讨论 KR 与 O 的关联性。在这个过程中，作为推动 OKR 顺利实施的辅助者，HR 人员会起到重要的作用。

HR 人员会给团队负责人和员工设计一个沟通的框架。在员工与团队负责人进行沟通之前，HR 人员会询问员工对公司目标或者团队目标是否了解清楚、员工为此次的沟通做了哪些准备等。如果 HR 人员认为员工的准备是充分的，就会安排团队负责人和员工做一对一的沟通。在接下来员工与团队负责人的沟通中，团队负责人会对员工的工作进行指导，指出员工工作中的不足，对员工工作中存在的问题进行纠正。

在与员工沟通中，知乎重视两个方面：结果和成长。结果就是实施 OKR 带来的业绩的增长。成长就是团队或员工的成长。

成长包括两个方面。一方面，试错也是一种成长。OKR 实施过程中可能会出现 KR 没有达成，或者 O 并没有达到理想的完成度，在这个过程中，团队或员工可能走了一些弯路，但试错也是一种成长，走过的弯路也可以为团队或员工提供经验，重要的是走过这些弯路后，团队或员工的反思和收获是什么。

另一方面，困难能够激发团队或员工成长。如果一个 O 太难了，用各种 KR 都没有办法实现它，可能公司正在面临瓶颈，或者之前想出的方法也是无效的。这时，知乎会通过组织头脑风暴会议或战术讨论会来让员工思考：真的没有办法了吗？以这个问题为出发点，激发员工的头脑风暴。这种会议对员工有很大的激发作用，一些难以解决的问题可能会通过这样的会议解决。而每一次问题的解决都表现出了员工的成长。

OKR 在知乎的实施是一步步发展的，随着知乎的发展，OKR 的实施也不断发生变化。OKR 能够与知乎很好地融合在一起，知乎通过 OKR 能够更好地激发员工的潜能，从而推动知乎的发展。

9.3.3 OKR 落地引发的思考

OKR 在知乎的落地对于国内许多想要实施 OKR 的企业来说十分具有指导意义。通过 OKR 在知乎的落地，有一些问题是需要企业管理者思考的。

1. OKR 是什么？

OKR 是一个做计划、执行、检查的过程。在设定 O 时，一定要有挑战、有野心。同时，所有的 KR 都是可衡量、有标准的。

2. 适合 OKR 实施的环境是什么？

OKR 在知乎的落地较为顺利，从中我们可以总结出适合 OKR 实施的环境。

首先，组织结构要扁平化。扁平化的组织结构更有利于企业 OKR 的分解和各层级 OKR 之间的聚焦。

其次，文化氛围十分重要。企业关注的不是如果目标没有达成要实施怎样的惩罚措施，也不要激化员工没有达成目标的挫败感。企业更多的是做正向激励，鼓励员工勇于创新和试错，企业要更多地关注员工的成长变化。

3. 如何建立企业内部的沟通机制?

在 OKR 实施过程中，保证充分和及时有效的沟通十分重要。HR 人员是建立企业沟通机制的主力军，在 OKR 实施过程中，HR 人员需要建立自下而上、自上而下两种方式的沟通机制。在这种完善沟通机制的帮助下，企业各层级员工能够对目标、自己的成长、团队的变化等进行有效沟通。

4. HR 人员在 OKR 实施过程中扮演的是什么角色?

在知乎，HR 人员扮演的是一个项目经理的角色。从 OKR 目标的设定、检测目标和战略的匹配度、思考 OKR 能否解决刚需、设计 OKR 落地的流程、跟进所有流程节点等，这都是 HR 人员的工作，在 OKR 实施过程中，HR 人员更像是一个项目经理。

第 10 章
应用模板：不同部门的 OKR

OKR 制定表是企业管理者在一段限定时间内对员工工作进行目标和关键结果的设定并对员工的 OKR 进行评分的表格。企业各部门工作内容不同，同时企业各层级的 OKR 也不同，因此，在 OKR 评估中，不同的部门、不同的层级之间使用的 OKR 模板也是不同的。

10.1　产品部门如何打造 OKR

产品部门不同层级员工的工作目标和关键结果不同，不同分工的员工其工作内容也不同。根据这两方面的不同，不同的员工会设定不同的 OKR。

10.1.1　产品经理的 OKR

产品经理的工作目标是统筹整个产品部门的工作，其 OKR 的制定如表 10-1 所示。

10.1.2　产品部门各员工的 OKR

产品部门各员工因其工作内容不同，不同岗位的员工需要设定不同的 OKR，如表 10-2 ～表 10-4 所示。

表 10-1　产品经理的 OKR

目标（Objective）	关键成果（KR）	KR 权重	O 权重	自我评分（40%）	领导评分（60%）	综合分
截至 × 季度末，产品的日续费率增长 3%	拜访 50 名用户，收集用户反馈					
	在用户端上设置 10 个 A/B 测试以刺激用户续费					
	筛选出 20% 活跃用户并记录他们的行为					
截至 × 季度末，与合作企业推出新的产品	与合作企业开展 3 次产品相关内容培训					
	与产品供应商签署产品目标，制定战略地图					
	制定产品推广和产品整合计划					
截至 × 季度末，为 VIP 用户创建新的发布渠道	采访 20 名 VIP 用户					
	开发 3 个用户					
	提交产品设计和开发内容					

表 10-2　产品主管的 OKR

目标（Objective）	关键成果（KR）	KR 权重	O 权重	自我评分（40%）	领导评分(60%)	综合分
截至本季度末，实现平台用户的持续增长	注册用户每日上涨 5%					
	注册用户每周上涨 10%					
	注册用户每月上涨 15%					
截至本季度末，管理产品生命周期和产品战略规划	与产品研发、设计、运维人员明确产品需求					
	与市场团队确定产品相关文档					
	向市场和研发团队确认产品愿景和战略图					
	明确产品功能的优先级和流程					

表 10-3 设计主管的 OKR

目标（Objective）	关键成果（KR）	KR 权重	O 权重	自我评分（40%）	领导评分（60%）	综合分
保证产品的设计风格和语言在与产品的新功能配套	推出产品的整体互动模式库（人际、大众、网络传播系统）					
	确保产品功能聚焦企业的战略执行目标					
	与产品经理面谈，制定最新的产品设计原则					
	修改企业相关指南，以匹配新的产品					
制定有效方案提升团队能力	在团队中开展 3 次一对一教学活动					
	有 60% 以上的员工参加指导和产品研讨会					

表 10-4　产品设计师的 OKR

目标（Objective）	关键成果（KR）	KR 权重	O 权重	自我评分（40%）	领导评分（60%）	综合分
为企业将要新上线的产品设计主干部分的视觉交互	进行 10 次用户访谈					
	与设计主管以及产品主管开展 3 次交流会					
	完成 3 个设产品设计原型并提交给产品主管					
对企业产品进行优化改善升级	完成 2 个迭代产品的原型设计					
	整理出 3 篇产品功能的优化升级日志					

10.2　客服部门如何打造 OKR

客服部门的主要职责是为企业客户提供专业且细心的售后服务，其工作内容主要包括整理客户资料、对客户进行回访、处理客户投诉等。

10.2.1　呼叫中心的 OKR

呼叫中心的工作主要是接听客户服务热线及进行客户电话回访等。呼叫中心的员工需要有较强的文字能力以及沟通能力，既要有服务意识，还要有优秀的协调应变能力，他们的 OKR 可以参考这样设置，如表 10-5、表 10-6 所示。

10.2.2　客户支持团队的 OKR

客户支持团队的工作主要包括两个方面：一是保持同客户的良好沟通，明确客户需求并将客户需求传达给公司；二是与公司内各部门沟通，共同讨论并制定工作方案。企业管理者可以这样设计客户支持团队的 OKR，如表 10-7、表 10-8 所示。

表 10-5　呼叫中心经理的 OKR

目标（Objective）	关键成果（KR）	KR 权重	O 权重	自我评分（40%）	领导评分（60%）	综合分
截至 × 季度末，创建新的反馈系统应用于数据采集与客户追踪	完成与供应商的约谈，挑选新的系统为客户提供意见反馈平台					
	与新的平台系统供应商签订合同					
	启动新系统并开始进行结果追踪					
截至 × 季度末，针对新的产品信息进行部门员工培训	提炼出客户咨询的几大常见问题					
	与营销部门一起确定产品的创意文案					
	确保所有部门员工完成新产品内容培训					
	对所有呼叫专员进行接线效率培训					
截至 × 季度末，确保全季度热线接通率达到 95% 以上	更新常见问题回答来降低热线咨询数量					
	更新员工工作时间表以保证热线高峰时段的接通率不低于 95%					

表 10-6　客服专员的 OKR

目标（Objective）	关键成果（KR）	KR 权重	O 权重	自我评分（40%）	领导评分（60%）	综合分
截至 × 季度末，保证来电客户满意度达到 95% 以上	客户电话接通率保持在 95% 以上					
	为投诉客户提供企业产品折扣					
截至 × 季度末，建立新的电话接待客户流程	与团队员工一起解决待优化的常见问题					
	对时长超过 15 分钟的来电进行回顾分析并总结经验					
	向呼叫中心经理上报新的客户热线接待流程					

表 10-7　客户支持经理的 OKR

目标（Objective）	关键成果（KR）	KR 权重	O 权重	自我评分（40%）	领导评分（60%）	综合分
截至 × 季度末，确保企业的服务体系能够给客户带来优质体验	升级业务服务使客户满意度达 90% 以上					
	使团队的客户满意度结果大于 95%					
截至 × 季度末，高效地解决问题	研究当前企业客户资源分配策略					
	实施新一期的客户资源分配策略					
	将平均业务改签时间降低 ×%					

表 10-8　客户支持专员的 OKR

目标（Objective）	关键成果（KR）	KR 权重	O 权重	自我评分（40%）	领导评分（60%）	综合分
快速响应客户需求，为客户提供更好服务	10 小时内响应客户需求					
	解决问题的平均时长不超过 24 小时					
	客户对解决问题的效率满意度达到 90% 以上					
与客户支持团队共同进步	每周为客户支持团队提 2 个建设性意见					
	为实习生提供一对一培训，帮助其提升专业技巧					

10.3 营销部门如何打造 OKR

营销部门是企业对外推广和完成销售业绩的重要部门，营销部门的 OKR 直接关系整个企业的效益。营销部门中的市场团队和销售团队有不同的分工，对于这两个团队制定的 OKR 也不相同。

10.3.1 市场团队的 OKR

市场团队主要面对的是市场和客户，对于市场团队的工作人员，企业管理者可以从以下几个角度着手制定 OKR，可参考表 10-9、表 10-10。

10.3.2 销售团队的 OKR

对于销售团队的管理可以说是公司管理的重中之重，销售团队的销售业绩是企业利润的主要来源。要想打造一支能力超群的销售团队，企业管理者制定 OKR 可参考表 10-11、表 10-12。

表 10-9　市场经理的 OKR

目标（Objective）	关键成果（KR）	KR 权重	O 权重	自我评分（40%）	领导评分（60%）	综合分
保证市场部门本季度收入目标达成	对 10 家目标用户进行采访					
	增加 100 位客户					
	为经销商提供担保					
	本季度中与销售经理召开 3 次会议，确保双方总目标的一致性					
巩固品牌产品行业领导者地位	保证产品最新版本的上线与交付					
	安排工作日程，确定产品新闻发布活动时间点					
	开展 10 次平台推广活动					

表 10-10　用户推广专员的 OKR

目标（Objective）	关键成果（KR）	KR 权重	O 权重	自我评分（40%）	领导评分（60%）	综合分
本季度获得 4 000 条销售线索	推出 3 个线上活动，获得 1 000 条销售线索					
	通过邮件营销获得 1 000 条销售线索					
	通过网站 SEO 获得 1 000 条销售线索					
	开展 10 次用户聚会，获得 1 000 条销售线索					
本季度实现团队与用户、用户与用户间的更好的交流	实时发布合作信息和产品迭代信息					
	举办 3 次 VIP 用户交流会					
	优化用户反馈渠道及流程					

表 10-11 销售经理 OKR

目标（Objective）	关键成果（KR）	KR 权重	O 权重	自我评分（40%）	领导评分（60%）	综合分
完成本季度公司 1 000 万元的销售目标	每个销售专员完成或超额完成既定销售目标 100 万元					
	确保至少 60% 的团队完成业绩配额					
	确保 45% 以上的销售业绩是由预售和套餐销售达成的					
	参加 3 次业内活动					

表 10-12 销售专员的 OKR

目标（Objective）	关键成果（KR）	KR 权重	O 权重	自我评分（40%）	领导评分（60%）	综合分
本季度完成 100 万元的销售额	截至季度第一个月末，完成 40 万元的销售额					
	截至季度第二个月末，完成 30 万元的销售额					
	截至季度第三个月末，完成 30 万元的销售额					
分析本季度销售数据并为下季度销售工作做准备	为核心用户制定可行性账目计划					
	完成 30 张数据报表的制作					
	获得 20 万元的客户预定订单					

10.4　行政组织如何打造 OKR

企业的行政部门一般分为人力资源部门、财务部门和法务部门，这三个部门是企业提升办公效率，维系企业各层级发展的重要保证。

10.4.1　人力资源部门的 OKR

人力资源部门负责对企业人力资源的管理，承担着为企业培养人才的责任。企业管理者可以设计人力资源部各个岗位的 OKR 可参考表 10-13、表 10-14。

10.4.2　财务部门的 OKR

财政部门掌握着企业的资金命脉，企业管理者必须对其工作引起重视。企业管理者需要合理制定财政部门员工的 OKR，可参考表 10-15、表 10-16。

10.4.3　法务部门的 OKR

企业的法务部门负责为企业提供日常法务服务，为企业有关部门提供重大事项的法律咨询和建议，并准备相关法律材料。企业管理者在设计法务部门的 OKR 时可参考表 10-17、表 10-18。

表 10-13　人力资源经理的 OKR

目标（Objective）	关键成果（KR）	KR 权重	O 权重	自我评分（40%）	领导评分（60%）	综合分
更新公司的薪酬和福利，确保市场竞争力	与各部门经理面谈，并收集员工对于薪资的想法、意见，分析竞争对手的薪酬福利制度					
	对薪资、福利政策进行调整					
	优化绩效考核评估方法					
为部门及员工的工作提供必要辅助	与各部门经理面谈，共同为员工制定其职业规划					
	辅助员工制定新计划					
	辅助每个部门制定 OKR 改进计划					

表 10-14　人力主管的 OKR

目标（Objective）	关键成果（KR）	KR 权重	O 权重	自我评分（40%）	领导评分（60%）	综合分
截至本季度末招聘 10 名新员工	制订详细的季度招聘计划					
	与 2 家猎头公司建立合作					
	更新招聘信息，使内推率上涨 10%					
推出企业员工新的发展计划	制定企业各层级员工个人成长表					
	优化员工学习管理新系统					

表 10–15　财务经理的 OKR

目标（Objective）	关键成果（KR）	KR 权重	O 权重	自我评分（40%）	领导评分（60%）	综合分
完成对本季度的收支预测	预测销售计划的完成情况					
	与各部门经理一起确定招聘成本预算					
为各部门提供分析数据支持，辅助其完成年度计划	在本季度第一个月末完成市场营销部门的年度定价审查					
	在本季度第二个月末完成产品的新一年研发计划					
	在本季度第三个月月初拟定好客户成功预算计划					

表 10-16　会计主管 OKR

目标（Objective）	关键成果（KR）	KR 权重	O 权重	自我评分（40%）	领导评分（60%）	综合分
完成本月财务报表	核对库存量报告					
	核对资产负债表					
	批准财务记账分录					
	核对企业现金和信用卡					
截至本月底完成应付款项	收集企业各部门发票					
	完成各部门发票批准					
	向财务经理申请发票批准并付款					

表 10-17　法律顾问的 OKR

目标（Objective）	关键成果（KR）	KR 权重	O 权重	自我评分（40%）	领导评分（60%）	综合分
截至本月底，简化销售签约的合同流程	完成第三方合同管理系统					
	拟定合同模板					
截至本月底，修复风险区域	更新保留策略					
	对产品、营销等部门进行媒体培训					

表 10-18　法务助理的 OKR

目标（Objective）	关键成果（KR）	KR 权重	O 权重	自我评分（40%）	领导评分（60%）	综合分
修复专利风险	创建新的专利申请					
	完成新的专利和商标的组合更新					
配合销售团队与新客户签订合同，规避客户付款风险	更新销售订单					
	对新员工普及法律条款知识					
	更新并发布法律常见问题文档					
	优化客户拖欠款解决流程					

附录

总经理 OKR 量化评分表

姓名		职位	总经理	部门	
考核人		职位	董事长	部门	
目标	权重	关键成果 KR	权重	绩效目标值（考核期内）	评分
净资产回报率			15%	达 ____% 以上	
主营业务收入			15%	达到 ____ 万元	
盈利额			10%	达到 ____ 万元	
总资产周转率			5%	达到 ____% 以上	
成本利润率			5%	达到 ____% 以上	
年度发展战略目标完成率			10%	达到 ____% 以上	
新业务拓展计划完成率			5%	在 ____% 以上	
投融资计划完成率			10%	在 ____% 以上	
市场占有率			10%	达到 ____% 以上	
品牌市场价值增长率			5%	在 ____% 以上	
客户投诉次数			5%	控制在 ____ 次以内	
核心员工保有率			5%	达到 ____% 以上	
考核总分值					
考核人：			复核人：		
签字：			签字：		
日期：			日期：		

生产总监OKR量化评分表

姓名		职位	生产总监	部门		
考核人		职位	总经理	部门		
部门	目标	权重	关键成果（KR）	权重	绩效目标值（考核期内）	评分
财　务	净资产回报率				在 ____% 以上	
	主营业务收入				达到 ____ 万元	
	生产成本控制				控制在预算之内	
内部运营	年度战略目标完成率				达到 ____%	
	生产计划完成率				达到 100%	
	质量合格率				达到 ____%	
	废品率				控制在 ____% 以内	
	生产设备完好率				达到 ____%	
	劳动生产率				比上一考核周期提高 ____%	
	生产安全事故发生率				重大事故为零，一般事故控制在 ____% 以内	
客　户	客户满意率				达到 ____% 以上	
	员工满意度				在 ____ 分以上	
学习发展	培训计划完成率				达到 100%	
	核心员工保有率				达到 ____% 以上	
考核总分值						
被考核人		考核人		复核人		
签字：		签字：		签字：		
日期：		日期：		日期：		

营销总监 KR 量化评分表

姓名		职位	营销总监	部门	
考核人		职位	总经理	部门	
指标维度	KR	比重	绩效目标值（考核期内）		考核得分
财　务	净资产回报率	10%	在 ____% 以上		
	主营业务收入	10%	达到 ____ 万元		
	销售收入	10%	达到 ____ 万元		
	销售费用	5%	控制在预算之内		
	货款回收率	5%	达到 ____% 以上		
内部运营	年度战略目标完成率	10%	达到 ____% 以上		
	销售计划完成率	10%	达到 ____% 以上		
	合同履约率	5%	达到 ____% 以上		
	销售增长率	5%	达到 ____% 以上		
	市场推广计划完成率	5%	达到 ____% 以上		
客　户	市场占有率	5%	达到 ____% 以上		
	客户保有率	5%	达到 ____% 以上		
	客户满意率	5%	在 ____% 以上		
学习发展	培训计划完成率	5%	完成率达到 100%		
	核心员工保有率	5%	达到 ____% 以上		
考核总分值					

续表

考核指标说明	销售增长率＝（当期销售额或销售量 / 上期销售额或销售量 -1）× 100%	
被考核人	考核人	复核人
签字：	签字：	签字：
日期：	日期：	日期：

客服总监 KR 量化评分表

姓名		职位	客服总监	部门	
考核人		职位	总经理	部门	
指标维度	KR 量化指标	比重	绩效目标值（截止日期内）		考核得分
财　务	净资产回报率	10%	在 ____% 以上		
	主营业务收入	10%	达到 ____ 万元		
	客服费用控制	10%	客服费用控制在预算范围之内		
内部运营	年度企业发展战略目标完成率	10%	达到 ____% 以上		
	客服工作计划完成率	10%	客服工作计划完成率达到 100%		
	客服标准有效执行率	10%	达到 ____% 以上		
	客服流程改善目标达成率	10%	达到 ____% 以上		
客　户	客户投诉处理满意率	10%	达到 ____% 以上		
	投诉解决率	5%	达到 ____%		
	部门协作满意度	5%	达到 ____ 分以上		
学习发展	培训计划完成率	5%	完成率达到 100%		
	核心员工保有率	5%	达到 ____%		
考核总分值					
指标说明	1. 客服流程改善目标达成率 客服流程改善目标达成率 = 客服流程改善目标达成的项数 / 客服流程改善目标设定的项数 ×100% 2. 投诉解决率 投诉解决率 = 解决的投诉数 / 投诉次数 ×100%				
被考核人		考核人		复核人	
签字：		签字：		签字：	
日期：		日期：		日期：	

行政总监 KR 量化评分表

姓名		职位	行政总监	部门	
考核人		职位	总经理	部门	
指标维度	KPI 指标	比重	绩效目标值（考核期内）		考核得分
财 务	净资产回报率	10%	达到 ____% 以上		
	主营业务收入	5%	达到 ____ 万元		
	办公用品费用控制	5%	控制在预算范围之内		
	行政成本控制	10%	控制在预算之内		
内部运营	年度企业发展战略目标完成率	10%	达到 ____% 以上		
	行政工作计划完成率	10%	完成率达到 100%		
	行政工作流程改善目标完成率	10%	达到 ____%		
	后勤工作计划完成率	10%	达到 100%		
	行政办公设备完好率	5%	达到 ____%		
客 户	内部员工满意率	5%	达到 ____%		
	后勤投诉次数	10%	低于 ____ 次		
学习发展	培训计划完成率	5%	完成率达到 100%		
	核心员工保有率	5%	达到 ____%		
考核总分值					
指标说明	行政办公设备完好率 = 完好设备台数 / 设备总台数 ×100%				

被考核人	考核人	复核人
签字：	签字：	签字：
日期：	日期：	日期：

财务总监 OKR 评估方案表

方案名称	财务总监 OKR 目标责任书	受控状态	
		编　号	

一、岗位类别和聘期

姓　名		任职部门	财务部	职　务	财务总监
入职时间	____ 年 ____ 月 ____ 日				
聘　期	____ 年 ____ 月 ____ 日～ ____ 年 ____ 月 ____ 日				
考核期	____ 年 ____ 月 ____ 日～ ____ 年 ____ 月 ____ 日				

二、主要职责

1. 组织编制财务、资金、审计等规章制度及业务操作流程。

2. 对公司资金安排进行组织、计划、控制与管理。

3. 财务监控。

4. 财务分析与预测。

5. 疏通融资渠道。

6. 审计管理。

7. 分管部门管理。

三、工作目标

1. 财务预算与控制，对预算执行过程中出现的问题没有及时有效解决，每出现 1 次，减 ____ 分。

2. 财务分析，每月（季度）至少提供一次财务分析报告并给出相关决策建议，未能提供有效的相关信息，减 ____ ～ ____ 分。

3. 疏通融资渠道，确保融资渠道畅通有效，领导交代的融资任务 100% 完成，每差 1%，减 ____ 分。

4. 投资回报率达到 ____%，每减少 1%，减 ____ 分。

5. 资金利用率达到 ____%，每减少 1%，减 ____ 分。

6. 成本控制，对各部门的成本进行控制，未能按照财务会计制度控制各项费用的情况每出现 1 次，减 ____ 分。

续表

<table>
<tr><td colspan="6">7. 分管部门人员管理，部门培训计划完成率应达到 100%，未完成该项工作，减____分；及时公正地对下属员工进行考核，下属员工对绩效考核工作满意度评分在____分以上，每减少 1 分，减____分。

8. 年度重点工作完成情况。

年度重点任务完成情况考核表

<table><tr><td>重点任务</td><td>工作事项</td><td>计划目标</td><td>实际完成情况</td><td>考核标准</td><td>评　估</td></tr><tr><td></td><td></td><td></td><td></td><td></td><td></td></tr><tr><td></td><td></td><td></td><td></td><td></td><td></td></tr><tr><td></td><td></td><td></td><td></td><td></td><td></td></tr><tr><td></td><td></td><td></td><td></td><td></td><td></td></tr></table>
说明：

① 年度重点工作中，如出现子项目或者分阶段目标的情况，应赋予子项目和分阶段目标相应的标准分值。

② 在年中，如因生产经营活动的需要而对年度重点工作进行调整，应对年度重点工作的标准分值进行相应调整。</td></tr>
<tr><td colspan="6">四、附则

1. 责任人如果在工作期内出现重大责任事故，公司有权对责任人提出终止聘用合同。

2. 本公司在生产经营环境发生重大变化或发生其他状况时，有权修改本责任书。

3. 本目标责任书未尽事宜应在征求总裁意见后，由公司另行研究确定解决办法。

4. 本责任书解释权归公司人力资源部所有。</td></tr>
<tr><td>相关说明</td><td colspan="5"></td></tr>
<tr><td>编制人员</td><td></td><td>审核人员</td><td></td><td>批准人员</td><td></td></tr>
<tr><td>编制日期</td><td></td><td>审核日期</td><td></td><td>批准日期</td><td></td></tr>
</table>

中层管理人员 OKR 评估表

单位	部门	考核者		被考核者		考核周期	考核者签字及日期
		职位	姓名	职位	姓名		
指标类别	指标编号	考核指标		目标	权重	实际值	评分
财务类							
客户与运营类							
组织发展类							
最终得分：							

员工季度 OKR 评估表

单位	部门	考核者		被考核者		签字日期	考核周期
		职位	签字	职位	签字		
序号	重点工作		目标	权重	评分办法		考核者评价
1							
2							
3							
4							
5							
6							
7							
8							
9							
10							
最终得分：							

基层员工年度 OKR 评估表

单位	部门	考核者			考核周期	考核者签字
		职位	姓名	姓名		
考核指标						
指标类别	指标编号	考核指标		权重	实际值	评分
绩效评价		绩效				
个人能力素质评价		能力				
个人态度评价		态度				
最终得分						

员工 OKR 评估结果申诉表

申诉人姓名		所在部门		岗位	
申诉事项					
申诉事由					
接待人		申诉日期			

员工 OKR 评估结果申诉处理记录表

申诉人姓名		部门		职位	
申诉事项					
申诉原因摘要					
面谈时间		接待人			
处理记录	问题简要描述：				
	调查情况：				
	建议解决方案：				
	协调结果：				
经办人：					
备 注：					

综合行政部 OKR 评估指标表

分类	指标	指标说明、考核要点或公式	目标	RK 权重
财务类	车辆维修费用（10）	详见财务科目	控制预算之内	10
			超过预算 3% 以内	3 ~ 8
			超过预算 3% 以上	0
	公司管理费用（10）	全公司行政、招待费用控制	控制预算之内	10
			超过预算 3% 以内	3 ~ 8
			超过预算 3% 以上	0
客户和内部运营	党工团工作（5）	党员培训 团员培训 工会活动	每月各一次	0 ~ 5
	档案管理（10）	文件、档案完整、准确，每月抽查 6 ~ 10 份	档案抽查完整及准确率 100%	10
			完整率或准确率不到 100%	0
	宣传 / 企业文化（10）	企业文化管理及宣传工作	按计划管理及执行	0 ~ 10
	后勤保障（10）	宿舍管理、车辆管理、卫生、用餐	管理有效、没有投诉	0 ~ 10
	文书管理（10）	对外发文	及时准确	0 ~ 10

续表

分类	指标	指标说明、考核要点或公式	目标	RK 权重
客户和内部运营	外事管理（20）	外事接待态度和蔼、彬彬有礼	相关满意度高	0 ~ 8
		驰名商标申报、名牌申报、专利申请、环评	品牌管理及时有效	0 ~ 6
		证照、手续办理及时	办理及时准确	0 ~ 6
学习成长	制度流程执行情况（7）	制度、流程空白区：无章可循的工作，或不清晰、有矛盾争议的制度和流程	空白区不超过 2 个	0 ~ 3
		严格执行制度、流程	违反制度次数不超过 2 次	0 ~ 4
	人力资源管理（8）	员工培训，核心人员培养	按计划完成	0 ~ 2
		组织、岗位管理，人员调配	符合公司规范	0 ~ 3
		绩效执行度（绩效反馈人数 / 部门人数）	≥ 90%	0 ~ 3

物资供应部 OKR 评估指标表

分类	指标	指标说明、考核要点或公式	考核标准	KR 权重
财务类	采购费用（15）	预算	控制预算之内	15
			超过预算 3% 以内	5 ~ 12
			超过预算 3% 以上	0
	管理费用（5）	详见财务科目	控制在预算之内	0 ~ 5
客户和内部运营	产品采购（25）	辅材、包材产品采购合格率	合格率 100%	10
			合格率 98% 以上	4 ~ 7
			合格率低于 98%	0
		按时完成产品采购，按时提供给使用部门	投诉数量	8
		价格控制率（按照物资明细、价格控制办法）	A 类物资可控率 100% 及 B、C 类物资可控率 98% 以上	0 ~ 7
	产品管理（15）	仓储管理准确、账实相符	=100%	0 ~ 7
		库存最低最高标准符合率	A 类物资可控率 100%； B、C 类物资可控率 98% 以上	0 ~ 8

续表

分类	指标	指标说明、考核要点或公式	考核标准	KR 权重
客户和内部运营	供应商管理（15）	招标（符合招投标管理规定）	招标及时规范	0 ~ 7
		采购信息管理，包括产品信息，合格供应商的选择、管理	采购信息完整、准确，供应商数量	0 ~ 8
	安全（5）	安全生产和安全保障、综合治理	重大的质量、安全、环保事故为零	5
			出现重大责任事故	0
学习成长	制度流程执行情况（10）	制度、流程空白区：无章可循的工作，或不清晰、有矛盾争议的制度和流程	空白区不超过 2 个	0 ~ 5
		严格执行制度、流程	违反制度次数不超过 2 次	0 ~ 5
	人力资源管理（10）	员工培训，核心人员培养	按计划完成	0 ~ 3
		组织、岗位管理，人员调配	符合公司规范	0 ~ 3
		绩效执行度（绩效反馈人数 / 部门人数）	≥ 90%	0 ~ 4

财务部 OKR 评估指标表

分类	指标	指标说明、考核要点或公式	考核标准	KR 权重
财务类	管理费用（5）	详见财务科目	控制预算之内	5
			超过预算 3% 以内	1 ~ 4
			超过预算 3% 以上	0
客户和内部运营	财务报表（15）	财务报表按时完成	报表按时完成	7
			报表超过期限 1 ~ 3 天	2 ~ 6
			报表超过期限 3 天以上	0
		报表准确性	报表准确率 100%	8
			报表差错不超过 3 处	2 ~ 7
			报表差错超过 3 处	0
	预算控制 (20)	成本、费用预算准确 实际发生的成本、费用 / 预算成本费用	8% ≤预算差异率≤ -5%	0 ~ 8
		预算资金充足率	≥ 90%	0 ~ 7
		采购资金使用效率合理	安排合理	0 ~ 5
	财务分析 (15)	财务分析准确及时	财务分析准确及时	0 ~ 15

续表

分类	指标	指标说明、考核要点或公式	考核标准	KR 权重
客户和内部运营	项目预算分析（5）	项目资金使用分析	及时有效	0 ~ 15
	核算 (8)	成本、费用、收入核算及时，为各部门提供考核数据	核算准确及时	0 ~ 8
	项目核算 (8)	专项核算	项目结算及时准确	0 ~ 8
	税收筹划 (6)	税收计算	税收控制在合理范围	6
			税收超过合理范围	0
学习成长	制度流程执行情况 (8)	制度、流程空白区：无章可循的工作，或不清晰、有矛盾争议的制度和流程	空白区不超过 2 个	0 ~ 4
		严格执行制度、流程	违反制度次数不超过 2 次	0 ~ 4
	人力资源管理 (10)	员工培训，核心人员培养	按计划执行	0 ~ 3
		组织、岗位管理，人员调配	符合公司规范	0 ~ 3
		绩效执行度（绩效反馈人数 / 部门人数）	≥ 90%	0 ~ 4

品管部 OKR 评估指标表

分类	指标	指标说明、考核要点或公式	考核标准	权重
财务类	管理费用 (10)	详见财务科目	控制预算之内	0 ~ 5
客户和内部运营	生产质量管理 (30)	熟食产品的生产过程工艺控制	生产严格按照公司工艺标准执行	0 ~ 10
		熟食产品的其他过程质量控制，储存环境检查	检查次数按计划完成	0 ~ 10
		原辅料检验	按规定原辅料入库检验	0 ~ 5
			原辅料储存环境符合标准	0 ~ 5
	产品质量管理（30）	成品抽检质量控制，一次合格率 98%，出厂产品合格率 100%	抽检率按国标进行，质量控制按制度文件规定执行	8
			未按规定执行	0
		过程卫生质量控制率	≥ 95%	10
			90%<A ≤ 95%	4 ~ 8
			<90%	0
		客户投诉 A	<10 次 / 吨	10
			10<A ≤ 15	4 ~ 8
			>15	0

续表

分类	指标	指标说明、考核要点或公式	考核标准	权重
客户和内部运营	安全管理（10）	食品安全保障	出现责任质量、安全、环保事故为零	0 ~ 5
			出现责任事故	0
学习成长	制度流程执行情况 (10)	制度、流程空白区：无章可循的工作，或不清晰、有矛盾争议的制度和流程	空白区不超过 2 个	0 ~ 5
		严格执行制度、流程	违反制度次数不超过 2 次	0 ~ 5
	人力资源管理 (10)	员工培训，核心人员培养	按计划完成	0 ~ 3
		组织、岗位管理，人员调配	符合公司规范	0 ~ 3
		绩效执行度(绩效反馈人数/部门人数)	≥ 90%	0 ~ 4

计划调度部 OKR 评估指标表

分类	指标	指标说明、考核要点或公式	考核标准	权重
财务类	管理费用 (10)	详见财务科目	控制预算之内	10
			超过预算 3% 以内	5 ~ 8
			超过预算 3% 以上	0
客户和内部运营	月、周生产计划 (30)	月、周生产计划下发及时、准确率	100%	15
			98% ≤ A<100%	5 ~ 12
			<98%	0
		生产计划的均衡性	日浮动率 10% 以内	15
			10%<A ≤ 12%	5 ~ 12
			>12%	0
	库存管理 (30)	库存产品登记的及时、准确性，账实相符	100%	0 ~ 10
		产品出库合格率	100%	0 ~ 5
		出货无差错	没有差错	0 ~ 5
		库房管理，包括产品摆放、出库顺序、质量安全、环境管理等	按质量标准	0 ~ 10
	计划管理（10）	公司月度计划分解	及时完成	0 ~ 8
		报表、分析报告的及时准确	及时准确	0 ~ 5

续表

分类	指标	指标说明、考核要点或公式	考核标准	权重
学习成长	制度流程执行情况 (10)	制度、流程空白区：无章可循的工作，或不清晰、有矛盾争议的制度和流程	空白区不超过 2 个	0 ~ 5
		严格执行制度、流程	违反制度次数不超过 2 次	0 ~ 5
	人力资源管理 (10)	员工培训，核心人员培养	按计划完成	0 ~ 3
		组织、岗位管理，人员调配	符合公司规范	0 ~ 3
		绩效执行度（绩效反馈人数 / 部门人数）	≥ 90%	0 ~ 4

OKR 调查问卷

1. 你明确当前企业的战略执行目标吗（　　）				
A. 知道	B. 大部分知道	C. 知道一些	D. 不知道	
2. 你对企业所实施的 OKR 现状怎么看（　　）				
A. 操作规范	B. 走过场	C. 好坏一样	D. 不科学，不公平	
3. 你认为目前 × 公司的考核制度（　　）				
A. 操作严格规范	B. 走形式，没效果	C. 好坏一样	D. 不科学，不公平	
4. 你认为 OKR 的评估结果能客观反映你的岗位责任以及业绩贡献吗（　　）				
A. 能客观反映	B. 还好	C. 基本反映一些	D. 说不清	
5. 你对 OKR 管理体系的实施流程了解的程度是（　　）				
A. 非常了解	B. 基本了解	C. 完全不了解		
6. 你认为 OKR 评估应主要侧重哪些方面（　　）				
A. 本职工作的完成情况	B. 工作态度、能力	C. 工作过程	D. 工作效率	E. 其他
7. 平时你是通过什么途径了解部门的 OKR 评估结果的（　　）				
A. 会议	B. 部门通告	C. 部门看板	D. 同事交流	E. 其他
8. 你认为你的收入与你的 OKR 评估结果相关吗（　　）				
A. 相关	B. 有关联，但不是很大		C. 没有关系	
9. 你认为现在的企业薪酬制度合理吗（　　）				
A. 合理	B. 结构不合理	C. 奖金与工作绩效不匹配	D. 收入差距大	
10. 你认为领导及员工的 OKR 评估是否有一套标准（　　）				
A. 有，而且不错	B. 有，但不科学	C. 没有	D. 不知道	
11. 考核后，公司要求管理人员和员工就结果进行面谈吗（　　）				
A. 有正式的要求，并要求做书面记录		B. 没有正式要求		

续表

12. 你认为企业员工个人发展存在哪些障碍（　　）			
A. 缺乏知识能力	B. 不适合目前岗位	C. 上下级关系差	D. 领导的支持
13. 你认为实施 OKR 管理体系以来，你自己的工作完成情况与以前相比（　　）			
A. 有很大的提高	B. 有部分提高	C. 差不多	D. 下降了
14. 你认为企业吸引你的因素有哪些方面，可多选（　　）			
A. 公司发展前景好	B. 工资待遇	C. 工作环境	D. 能为个人提供发展空间
15. 你所在的部门经常组织培训吗（　　）			
A. 很强意识和行动	B. 有意识无行动	C. 没意识	D. 说不清
16. 你加入企业以来参加过有关 OKR 培训的吗？（　　）			
A. 操作技能	B. 劳动纪律	C. 企业管理	D. 文化知识
17. 你认为自己需要参加有关 OKR 的培训吗，如果有需要，那么具体需要进行哪些培训(　　)			
A. 迫切需要	B. 可有可无	C. 不需要	
18. 您认为建立科学 OKR 管理体系有必要吗（　　）			
A. 很有必要	B. 无所谓	C. 完全没必要	
19. 请简单说说你所在部门 OKR 体系管理工作流程。			
20. 你对企业 OKR 的实施过程有什么建议（请列举）。			

OKR 培训评估问卷

一、总体评价			
1. 请对此次培训进行整体评估（　　）			
A. 很好	B. 好	C. 一般	D. 差
二、讲师评价			
2. 讲师授课态度认真专业（　　）			
A. 很好	B. 好	C. 一般	D. 差
3. 讲师授课有感染力、鼓励学员互动（　　）			
A. 很好	B. 好	C. 一般	D. 差
4. 讲师行为举止专业（　　）			
A. 很好	B. 好	C. 一般	D. 差
三、课程及收获评估			
5. 课程逻辑清晰、内容丰富（　　）			
A. 很好	B. 好	C. 一般	D. 差
6. 你认为培训课程的难易程度如何（　　）			
A. 基本没有难度	B. 难度适中	C. 有难度	D. 非常难
7. 你对本次培训课程内容的掌握程度如何（　　）			
A. 掌握 30% 以下	B. 掌握 30% ～ 60%	C. 掌握 60% ～ 80%	D. 掌握 80% 以上
8. 培训内容是否能够解决你工作中遇到的问题（　　）			
A. 培训内容与工作没有直接关系	B. 涵盖 30% 以下	C. 涵盖 30% ～ 80%	D. 涵盖 80% 以上
9. 你认为本课程是否提供了使用的方法（　　）			
A. 没有提供	B. 提供了但无法实践	C. 提供了少量方法	D. 提供了多量方法
10. 你认为培训内容在工作中的应用程度如何（　　）			
A. 完全不能应用	B. 少量可以应用	C. 大部分能够应用	D. 全部能够应用

续表

11. 你认为课程中最有价值的内容有哪些？			
四、培训组织评估			
12. 培训场地和设备准备情况（　　）			
A. 很好	B. 好	C. 一般	D. 差
13. 培训课程时长安排（　　）			
A. 很短	B. 合理	C. 太长	
14. 培训教材准备情况（　　）			
A. 很好	B. 好	C. 一般	D. 差
15. 你对本次培训有何意见或建议？			